POLYGLOTT on tour

Lombardei Piemont

Aostatal

Christine Hamel

Special

Allgemeines

Städtebeschreibungen

Mailand ist mit seinen vielfältigen Restaurants, Cafés, Bars, prachtvollen Geschäften und großartigen Palazzi ein einziges urbanes Abenteuer voller Überraschungen auf den ersten und den zweiten Blick.

Turin, die Stadt der Savoyer, in ihrer strengen Geometrie von ganz eigener Schönheit und Eleganz, ist für so manchen Reisenden vergangener Jahrzehnte schon zum »wahren Glücksfall« (Nietzsche) geworden.

Touren

Tour 1

Kultur- und Naturbellezza

Seite 48

Villen, Gärten, Geschichte und Nobelhotels – der Norden der Lombardei erinnert gern an den Glanz von einst und hat sich viel von seiner Grandezza bewahrt.

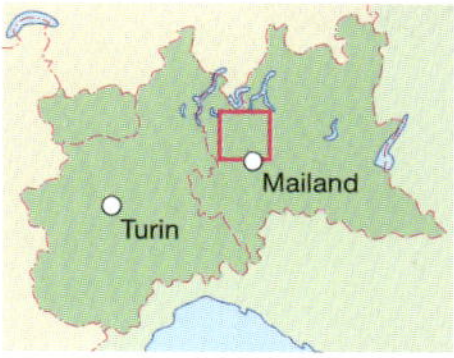

Tour 2

Eine lombardische Kunstreise

Seite 55

In den Landschaften der Poebene waren einige bedeutene Künstler tätig, die einzigartige Zeugnisse ihres Könnens hinterlassen haben.

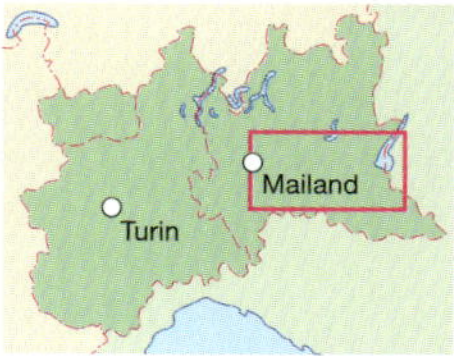

Tour 3

Mittelalterliche Spuren

Seite 68

Die Vielfältigkeit der lombardischen Landschaft schätzten bereits die Römer für ihre Stadtgründungen.

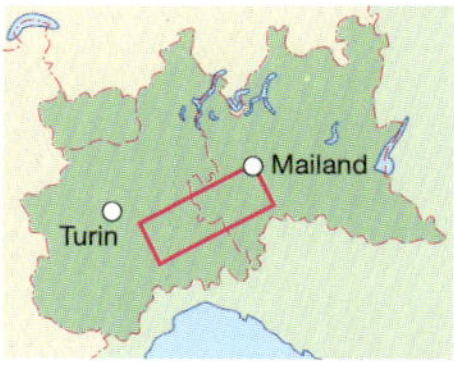

Tour 4

Kirchen & Klöster in der Poebene

Seite 76

In der weiten, leeren Ebene, durch die sich der Po seinen Weg sucht, entstanden besonders schöne Kirchen und Städte.

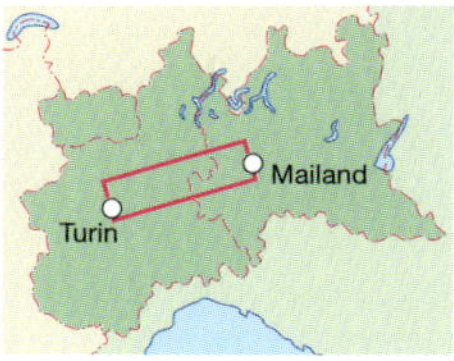

Tour 5	

Königliches im Piemont

Seite 84

Eitle Selbstrepräsentation verleitete die Savoyer zum Bau von imposanten Schlössern und Kirchen im Barockstil.

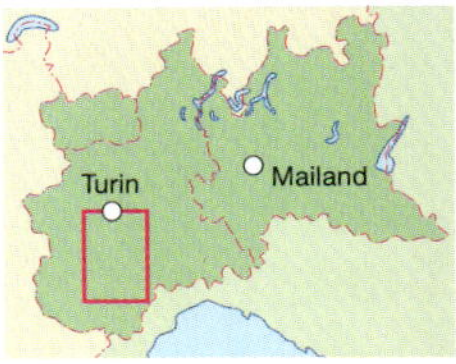

Tour 6

Bergidyllen

Seite 93

Die Bergwelt des Aostatals berauscht in ihrer Schönheit und Ursprünglichkeit. Felsen und Flüsse – hier zeigen sie sich von ihrer wildesten Seite.

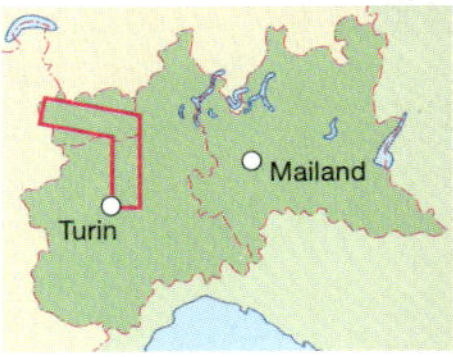

Römerbrücke in Pont-St-Martin

Bildnachweis

APA Publications: 19-1, 50, 61; Archiv für Kunst und Geschichte, Berlin: 36-1; creativ collection, Freiburg: 6/7 (Fondbild), 10/11 (Fondbild); Elisabeth Galikowski: 51, 52; Veit Haak: 2-1, 2-2, 5, 19-2, 25, 29, 30, 36-2, 41, 43, 45, 48, 49, 55, 56-1, 56-2, 58-1, 58-2, 62, 63, 64, 66, 67, 69-1, 69-2, 70-1, 70-2, 72-1, 73, 77, 78, 85, 87, 88, 91, 94, 96, 97, Umschlagrückseite (unten); Herbert Hartmann: 1, 14-2, 27, 72-2, 79, 80; Gerold Jung: 7, 10, 92, 99; laif/ Raffaele Celentano: 8, 39, 40; laif/ Hartmut Krinitz: 6; Daniele Messina: 14-1; PhotoPress/ SIL: 11; Dirk Renckhoff: 8/9 (Fondbild), 9, 47, 54; Klaus Thiele: 33; Turismo Torino:23, Umschlagrückseite (oben); Titelbild: laif/ Hartmut Krinitz

ENEL

Edle Tropfen, Südhang

Die Lombardei und das Piemont sind die Hoheitsgebiete des italienischen Weines. Die berühmtesten Tropfen der Apenninhalbinsel kommen aus den beiden oberitalienischen Provinzen. Bis in die Antike zurück reicht die Erfahrung, die der Weinbaukultur zu vollmundigen Höhen verhalf: der wuchtige Barolo, der geschmeidige Barbaresco, der delikate Nebbiolo und vollmundige Dolcetto, der Gattinara, der Franciacorta oder die Weißweine Gavi und Cortese dell'Alto Monferrato gehören zum Besten, was die Weinproduktion weltweit zu bieten hat.

Tipp **Wohnen im Weinberg**
An der Barolo-Weinstraße liegt am Fuße der Cannubi-Hügel der Landgasthof **Il gioco dell'oca**. Man wohnt in einem der sechs Zimmer auf dem Hof aus dem 19. Jh. direkt an der Quelle (Via Crosia 46, Barolo, Tel./Fax 0 17 35 62 06).

König der Weine

Barolo kostet und kauft man, wie es sich gehört, im Schloss. In dem prunkvollen Anwesen der Markgrafen Falletti in Barolo ist die Önothek des gleichnamigen Weines untergebracht. 11 umliegende Gemeinden produzieren den Jahrzehnte lagerfähigen schweren Rotwein und bieten ihn hier an. Nach der Weinprobe lohnt noch ein kurzer Abstecher in das Völkerkunde- und Weinbaumuseum, das ebenfalls im Schloss untergebracht ist.

Enoteca del Barolo,
Piazza Faletti, Barolo,
Tel. 0 17 35 62 77, tgl. außer Do 10–12.30 und 15–18.30 Uhr.

Tipp Der Asti Spumante, ein Sekt aus Muskattrauben, hat den Namen der Stadt in alle Welt getragen. In der **Önothek von Canelli,** die in den Kellerräumen eines eleganten Stadtpalais untergebracht ist, lagern die erlesensten Schaumweine dieser Gegend.
Corso Libertà 65, Canelli,
Tel. bei der Gemeinde von Canelli 01 41 82 01 11.

Herzhaft oder süß, aber immer mit Barolo

Zwei Gläser eines bejahrten Barolo geben dem Risotto ein köstliches Aroma. Lassen Sie sich diese piemontesische Vorspeise im Ristorante **Brezza** gleich in Barolo auf der Zunge zergehen. Schokoladencreme mit Barolo schmeckt in der **Pasticceria Laboratorio di Resistenza Dolciaria**.

- **Brezza,** Via Lomondo 2, Tel. 0 17 35 63 54; Di Ruhetag, ○○.
- **Pasticceria Laboratorio di Resistenza Dolciaria,** Via P. Ferrero 11, Alba, Tel. 01 73 28 41; Mo Ruhetag.

Tipp Beim Weinkauf in großen Mengen lohnt es sich, in einem Haushaltsgeschäft eine 5- oder 10-Liter-Flasche zu besorgen. Der *vino sfuso* vom Fass ist wesentlich günstiger als abgefüllter Wein.

Weineinkauf

Im Piemont nennt man Önotheken auch »cattedrale del vino« – was unschwer auf die Bedeutung schließen lässt. Hier lässt es sich hervorragend einkaufen. **Önothek des Barbaresco.** Die Weinhandlung ist in der ehemaligen Kirche San Donato im Dorfzentrum untergebracht und vereint die Produzenten des Barbaresco-Weines. In einem eleganten Bürgerpalais aus dem 19. Jh. im Zentrum von Canale, in der **Önothek von Roero,** werden sämtliche Weine der Umgebung angeboten: Roero und Arneis, Favorita, ein Weißwein, der dabei ist, den Markt zu erobern, sowie der seltene Dessertwein Birbet.

- **Önothek des Barbaresco,** Via Torino 8a, Barbaresco, Tel. 01 73 63 52 51; Do–Di 9.30–13 und 14.30–18 Uhr.
- **Önothek von Roero,** Via Roma 57, Canale, Tel. 01 73 97 82 28, Fax 01 73 97 97 17; Do–Di 9.30–12.30 und 15.30–19 Uhr, Sonntag nachmittags im Januar geschl.

Franciacorta

Das berühmteste Weinbaugebiet der Lombardei ist die Franciacorta, lange, sanft gewellte Hügelketten im Hinterland des Iseo-Sees. Sowohl der Weiß- als auch der Rotwein (Terre di Franciacorta Bianco oder Rosso) sind sehr geschätzte Tropfen in Italien. Einer der feinsten Schaumweine, den es zu entdecken gilt, ist der Franciacorta, der nach dem aufwändigen französischen Handrüttelsystem in der Flasche gärt.

Weineinkauf in der Franciacorta
- **Figli Berlucchi,** Borgonato, Tel. 0 30 98 44 51.
- **Ricci Curbastro,** Capriolo, Via Adro 37, Tel. 0 30 73 60 94 (auch Weinmuseum).

Bei Kaffee und Schokolade

Schon Mitte des 19. Jhs. soll es allein in Turin 200 Cafés gegeben haben, und Mailand zählte immerhin stolze 102 davon. Hier wie dort waren es noble Kaffeehäuser mit Marmortischen und tizianrotem Samt auf Bänken und Stühlen, dazu Fresken an den Decken, Wandvertäfelungen, Spiegel und Goldverzierungen: Treffpunkte der feinen Gesellschaft, die das dolce vita bei Gebäck und Kaffee oder Schokolade auskostete. Und die Augen schmausten mit. Die Kaffeehauskultur ist ein Erbe der Österreicher, die Mailänder und Turiner haben sie zur höchsten Perfektion getrieben.

Tipp **Schokolade im Internet**
Die Erfolgsgeschichte der Schokolade in Turin findet man unter www.eurochoclate.torino.it/to/nome/storiacioccolato.htm
Alles über Schokolade: www.cioccolato.it

Von Baratti bis Bicerin

Seit 1875 haben sich die Barattis der Herstellung von Schokolade verschrieben. Im vornehmen Turiner Café hat man die Wahl zwischen 100 verschiedenen Pralinen, mit Nuss, mit rotem Pfeffer, mit Ingwer, mit Grappa, mit Zimt – nichts, was sich nicht als schokoladiger Gaumenschmeichler eignen würde. Ein Klassiker ist die Torta Baratti, eine feine, gehaltvolle Schokoladentorte nach dem Vorbild der Sacher-Torte. Man kann sie gleich mit einer Tasse Kaffee im Jugendstilsalon des Cafés bestellen – das pure Glück!

Eine Turiner Spezialität ist die Mischung aus Kaffee und Kakao, die sich nach ihrem Ursprungsort il bicerin nennt. Wer mag, lässt sich zur Krönung noch Sahne obendrauf servieren. Wo anders sollte man die heiße Köstlichkeit trinken, wenn nicht im traditionellen **Al Bicerin.**

- **Caffè Baratti & Milan,** Piazza Castello 27, Turin, Tel. 01 15 61 30 60, tgl. außer Mo 8-20 Uhr
- **Al Bicerin,** Piazza della Consolata 5, Turin, Tel. 011 43 69 325, tgl. außer Mi 8.30-19.30 Uhr

Gianduiotti

Als Turin zu Beginn des 19. Jhs. von der Grande Armée Napoleons belagert wurde, war auch die Schokoladenproduktion der piemontesischen Kapitale bedroht. Schon nach wenigen Tagen kam es zu einer bedrohlichen Kakao-Knappheit – man half sich, indem das übrig gebliebene Kakaopulver mit reichlich vorhandenen Haselnüssen gestreckt wurde. Das war die Geburtsstunde der Gianduiotti, kleiner, in Goldpapier verpackter Nougatschiffchen, die ihren Namen der volkstümlichen Theaterfigur Gianduia verdanken, einem italienischen Cousin des Hanswurst.

Turiner Cafés

Fiorio, Via Po 8, Tel. 011 81 70 612. Nietzsches Lieblingscafé in Turin, wo noch heute gerne diskutiert und philosophiert wird. Das Eis gilt als das beste der Stadt (Di–So 8 bis zum letzten Gast).

Torino, Piazza San Carlo 204, Tel. 011 54 73 56. Stilvoll ist die Einrichtung, elegant das Publikum (tgl. 7.30–1 Uhr).

San Carlo, Piazza San Carlo 156, Tel. 011 53 25 86. Seit 1842 wird hier Kaffee in feinstem Ambiente serviert (tgl. 8–22 Uhr).

Sehen und Gesehen werden

Seit 1817 verführt das **Café Cova** in Mailands goldenem Dreieck mit Pralinés, kleinen Fruchttörtchen oder Happen in Aspik den betuchteren Teil der Menschheit. Vor allem um die Mittagszeit sowie am beginnenden Abend unterbrechen die Mailänder hier für eine Weile den anstrengenden Einkaufsbummel auf der Montenapoleone.

Mailänder Cafés

Café Cova, Via Montenapoleone 8, Tel. 02 76 00 05 78 (Mo–Sa 8–22 Uhr).

Sant'Ambroeus, Corso Matteotti 7, Tel. 02 76 00 05 40. Der Klassiker unter den Mailänder Kaffeehäusern. Treffpunkt von all jenen, die sich gerne in den Spiegeln rundherum sehen. Sehr feiner Panettone (Di–So 8–21 Uhr).

Taveggia, Via Visconti di Modrone 5, Tel. 02 76 02 12 57. Berühmte Pasticceria mit einer vornehmen sala da tè, die den Stil der Wende vom 19. ins 20. Jh. bewahrt (Di–So 8–20 Uhr).

Tipp Eine Mailänder Berühmtheit ist die Fabbrica di Maroni, wo man das ganze Jahre über Süßigkeiten aus Kastanien in allen nur erdenklichen Variationen kaufen kann. Seit 100 Jahren werden hier diese Köstlichkeiten hergestellt.

Galli, Via Victor Hugo, Tel. 02 86 46 48 33.

Der Name hält, was er verspricht. Hier, im äußersten Nordwesten Italiens, wo sich das Piemont, das Valle d'Aosta und Frankreich treffen, erstreckt sich über 700 km² ein wahres Paradies. Blühende Almwiesen, wilde Wasser, schroffe Felsen, Schwindel erregende Schluchten und erhabene Dreieinhalbtausender spielen zu einer grandiosen alpinen Landschaft zusammen. Der Parco di Gran Paradiso wurde schon 1955 unter Naturschutz gestellt und ist damit Italiens ältester Nationalpark. Ein Paradies ist der Park vor allem auch für Steinböcke, die man hier allenthalben bei gewagten Sprüngen von Fels zu Fels beobachten kann. Glücksache hingegen ist es, Murmeltiere oder Luchse anzutreffen.

Der Park im Internet
www.parks.it/parco.nazionale.gran.paradiso
www.pngp.it

Enzian, Edelweiß und Steinbock

Giardino Alpino Paradisia

Vor dem Massiv des Gran Paradiso, mit 3923 m der höchste Berg des Parks, wurde ein rund 10 000 km² großer Alpengarten angelegt, der die alpine Flora dokumentiert. 1200 einheimische und exotische Bergpflanzen wachsen hier. Schneeweißer Star unter Enzian, Edelweiß oder gelben und roten Mohnblumen ist die fein duftende Paradieslilie (Paradisia liliastrum), die Anfang Juni blüht. (Geöffnet 2. Wochendende Juni – 2. Wochenende Sept. tgl. 9.30–12.30 und 14.30–18.30 Uhr. Im Juli und August auch geführte Touren, Tel. 0 16 57 41 47.)

Tipp Es plätschert, sprudelt und rauscht nur so auf dem **Piano del Niovolet,** einer Hochebene auf 2500 m, die sich mit ihren vielen kleine Bergseen, Flüssen und Felsrinnsalen vor allem im Hochsommer als Ziel einer Wandertour empfiehlt.

Rifugio Pontese di Mara Lacchia, Vallone di Piantonetto, Locana, Tel. 01 24 80 01 86. Hochalpine Unterkunft, in der Mara eine köstliche Polente kocht. ❍

Gruppo Guide Alpine, Gran Paradiso, ATL del Canavese e delle Valle di Lanzo, Corso Vercelli 1, 10015 Ivrea, Tel. 01 25 61 81 31, info@granparadiso.it, oder unter Tel. 01 18 60 62 33 direkt bei der Parkverwaltung in Torino. Hier können Sie Führer engagieren.

Alles Käse

Der Nationalpark bietet mit seinen blumigen Alpenwiesen alles, was das Herz einer Kuh begehrt. In den unteren Höhenlagen trifft man daher oft auf weidendes Vieh. Meist ist dann auch der Hof nicht weit, wo nach Großmutter-Art köstlicher Käse hergestellt wird. Für das charakteristische Aroma des Fontina Dop sorgen Fichten- oder Kiefernbretter, auf denen der Rohmilchkäse lange gelagert wird.

▮ Eine gute Einkaufsquelle ist **Amadeo Blauch** (Casello 157, Aymavilles, Tel. 01 65 90 22 86).

Tipp Am 10. August machen sich die Einwohner Cognes und die Bewohner der umliegenden Täler alljährlich auf, um 2000 m Höhe zum **Santuario di San Besso** im Valle di Campiglia zu überwinden. Der hochalpine Wallfahrtsort ist an diesem Tag Schauplatz eines Festes, bei dem vor allem viel gegessen und getrunken wird. Der Abstieg gestaltet sich meist entsprechend abenteuerlich.

Paradies aktiv

Ob Ski- oder Mountain-Biking, Wandern, Reiten oder Klettern – die Bergwelt des Gran Paradiso bietet Sportlern eine Fülle von Betätigungsmöglichkeiten.

▮ Wintersport und Bike-Touren:
Les Amis du Paradis, Via Bourgeois 33, 11012 Cogne, Tel. 0 16 57 48 45.

▮ Hoch zu Ross:
Centro Turismo Equestre Val di Rhêmes, Rhêmes Saint Georges, Tel. 01 65 90 76 67 oder 01 65 90 76 19.

Grandioser Empfang

Italien – für Menschen aus dem Norden seit Jahrhunderten der Inbegriff einer Traumwelt, das Ziel ihrer Sehnsucht. Kaum eine Kulturlandschaft stellt sich mit solch landschaftlicher Schönheit, mit solcher Fülle an Kunst- und bedeutenden Bauwerken sowie Wonnen aus Küche und Keller dar, kaum ein Land hat ein so breites Spektrum an Faszination hervorgerufen wie Italien. Zu Recht, denn gleich hinter den Alpen empfangen die Lombardei und der Piemont Besucher mit der eleganten Grandezza der Seenlandschaft zwischen Ortasee und Gardasee, der beschwingt anmutigen Landschaft des Monferrato, den hohen Gipfeln und tiefen Schluchten des Aostatals oder den stillen, weiten Feldern der Poebene. Außerhalb des touristischen Schweinwerferlichts gelegen, bieten die Lombardei und der Piemont ein vielen noch unbekanntes Italienerlebnis. Abseits des Massentourismus haben sich hier kleine Orte seit Jahrhunderten ihren mitunter rauen Charme bewahrt, und auch die Städte pflegen einen ganz eigenen Lebensrhythmus.

Die an Kontrasten reiche Landschaft findet zudem ihr Pendant in der Architektur Oberitaliens: Mittelalterliche Städte, zur Wehrgemeinschaft auf steilem Grat zusammengerückt, erinnern nur wenige Kilometer vor den modernen Industriezentren an die streitbaren Jahrhunderte, in denen in dieser Region historisch bedeutende Entscheidungen fielen. Romanische und gotische Dome, kostbare Renaissancevillen und barocke Paläste erinnern im Schatten von Wolkenkratzern und Farbrikanlagen an vergangene Größe. Vielfalt hatte von jeher Tradition in der Lombardei und im Piemont.

In dem von Karl dem Großen eroberten Langobardenreich, das heute im Namen der Lombardei fortlebt, trafen jahrhundertelang die verschiedenen Zivilisationen von dies- und jenseits der Alpen aufeinander. Unterschiedlichste Kulturen fluteten hier ineinander und nahmen von hier wieder ihren Ausgang. Als kulturelles Reservoir wirkte Oberitalien auch im Mittelalter: In den Herzogtümern von Mailand und Mantua formten sich künstlerische und geistige Kräfte, die den Übergang vom Mittelalter zur Neuzeit einleiteten.

Heute lebt diese Tradition ungebrochen fort. Die innovativsten Entwürfe in Design und Lebensstil stammen aus der Lombardei und dem Piemont.

Lage und Landschaft

Aus allen Himmelsrichtungen kamen die Völker einst nach Oberitalien – Ligurier, Etrusker, Kelten, Römer, germanische Kimbern und Teutonen. Grund für den Ansturm so vieler Völker war die geographische Lage Oberitaliens am Fuße der Alpen und am Schnittpunkt des Südens mit dem Norden.

Die Kette der Alpen öffnet sich im Süden zur oberitalienischen Ebene,

einer von Flüssen in unendlichen Schleifen durchzogenen Landschaft, in der sich zahlreiche Seen gleich einer Perlenkette aneinander reihen. Das Land, wo die Zitronen blühen – in der Lombardei hat man es bereits erreicht.

Mediterrane Vegetation zeigt sich am Lago Maggiore, am Comer See oder am Gardasee in üppigster Blüte. Der Süden der Lombardei läuft in eine »wellenlose Ebene« aus, durch die sich scheinbar endlose Pappelalleen ziehen, vorbei an Kanälen und Flüssen, mittels derer Mais-, Tomaten- sowie Reisfelder bewässert werden. Die Furchen des bäuerlichen Pfluges haben sich seit Jahrzehnten tief und unerbittlich in diese Landschaft eingeschnitten.

Piemont liegt tatsächlich am »Fuße der Berge«, umgeben von den französischen Alpen und den aus dem Aostatal ragenden Gipfeln. Die Dramatik der Bergwelt geht dann über in den Gleichklang der Poebene, einem der fruchtbarsten Landstriche Italiens. Endlose Reisfelder wechseln gleichsam wie in einer Graphik der Natur mit schlanken Birkenstämmen ab, die einen wohltuenden vertikalen Akzent setzen.

Der Po ist mit 652 km der längste Fluss Italiens, leider aber auch der schmutzigste. Die Abwässer Mailands gehen fast ungeklärt in den Po, und von dort fließen sie weiter in die Adria und verwandeln Fluss und Meer immer mehr in eine Kloake. Umso mehr überrascht es, in dieser so stark vom Menschen geprägten Landschaft einsame Sandbänke und kleine wildbewachsene Inseln zu entdecken, auf denen Purpurreiher, Schnepfen oder Stockenten in einem Stück unberührter Natur nisten.

Den Südosten des Piemont prägen sanft gewellte Hügelketten.

Klima und Reisezeit

Gäbe es eine klimatische Güteskala, die oberitalienischen Seen ständen wohl an erster Stelle: Die Alpen schützen vor den Nordwinden, die Sommer sind nicht zu heiß, die Winter mild. Das Klima in der *padania,* der Poebene, war dagegen schon den Römern verhasst. Die Sommer sind heiß, schwül und bringen regelrechte Mückenplagen mit sich, im Winter wird es nasskalt, dichte Nebel umhüllen das Land.

Klima und Reisezeit

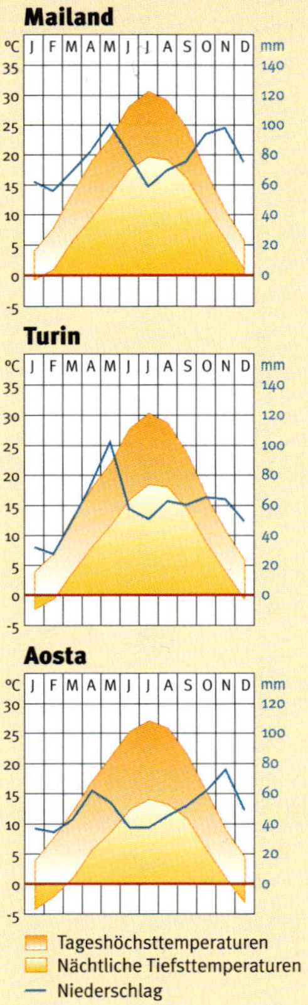

Die Quelle des Po entspringt am Fuße des Monviso

Bäuerinnen im Aostatal

Tipp Die ideale Zeit für Reisen in die Lombardei und den Piemont sind Frühjahr und Herbst. Die im Sommer unerträgliche Smogglocke über Mailand und Turin lüftet sich zu dieser Jahreszeit schon mal zu einem klaren Tag, und die Natur steht in ihrer schönsten Pracht. Auch Feinschmecker kommen im Herbst, der Zeit der Weinernte und der Trüffel, im Piemont auf ihre Kosten.

Natur und Umwelt

Die Verödung vieler Landschaften in der Lombardei versucht man seit einigen Jahren aufzuhalten. Im Tessintal hat man zwischen unberührten Flusslandschaften und landschaftlichen Nutzgebieten, zwischen Wäldern und Sümpfen den Naturschutzpark **Parco Lombardo della Valle del Ticino** eingerichtet, der Pflanzen und Tieren natürliche Lebensbedingungen bietet. Zwischen Salò und Limone erstreckt sich der **Parco dell'Alto Garda Bresciana,** im Aostatal der **Parco di Gran Paradiso,** in dem Steinböcke und Gemsen leben.

Zwar deuten die Schaffung solcher Oasen und strengere Auflagen für Industriebetriebe auf ein sich wandelndes Umweltbewusstsein hin, dennoch ist besonders die Luft- und Wasserverschmutzung in Italiens industriellem Norden enorm. Ganz offensichtlich wird die Luftbelastung: Der Himmel über Mailand ist grau und selbst bei strahlendem Sonnenschein selten blau. Die Giftgase in der Mailänder Luft sind ein alltägliches Phänomen: Durchschnittlich 800 Nebelstunden im Jahr und die damit verbundene Mixtur aus Verkehrs- und Fabrikabgasen, von Kraftwerks- und Heizungsemissionen nimmt man hier wie die Lärmbelästigung ergeben hin.

Leider steht es auch um die Flüsse nicht besser. Der Po ist neben der Olona und dem Lambro die größte fließende Kloake des Landes, da Mailand immer noch keine Kläranlage hat. Die Abwässer von Millionen Haushalten und Hunderttausenden von Betrieben werden in den Po und damit in die Adria gespült. Zwar gibt es seit Jahren Sanierungsprogramme, doch die Aufträge werden nach politischen Interessen vergeben – und daher passiert nichts.

Geschäftige Norditaliener

Die Menschen Norditaliens sind der wirtschaftliche Motor des Landes, geben viel Geld für Kleidung und gutes Essen aus und kreieren einen Lebensstil, der nicht nur in Italien als vorbildlich schick und modern gilt. Dass Lombarden und Piemontesen einen viel höheren Lebensstandard als Römer oder Sizilianer pflegen, ist für Norditaliener eine Selbstverständlichkeit. Man gibt sich selbstbewusst und ist stolz darauf, dass Industrieunternehmen, Mode und Design, Stahl- und Chemiekonzerne im Norden Italiens liegen.

Doch in der Bergwelt des Aostatals, des Piemont und der Lombardei leben die Menschen, soweit sie der Anziehungskraft der Metropolen nicht erlegen sind, nach einer anderen Zeit. Taufe, Hochzeit, Tod – das sind die besonderen Tage im Leben eines Dorfes, dessen Bewohner sich auf der Piazza über alles auf dem Laufenden halten. Viele sind in den letzten Jahrzehnten in die Industriemetropolen gegangen, doch macht sich seit einigen Jahren auch der Trend rückwärts wieder bemerkbar: Ganze Familien ziehen in die verwitterten Bergdörfer, um sich in einem naturverbundenen einfachen Leben von der Hektik der Großstädte zu regenerieren.

Wirtschaft

»Hier wird das Geld verdient, das in Rom ausgegeben wird« – darin sind sich Mailänder und Turiner einig. Und wohl kaum einer würde es bestreiten. Der ungeahnte wirtschaftliche Aufschwung Italiens nach dem Zweiten Weltkrieg ergriff vor allem den Norden des Landes – auch auf Kosten des Südens.

In Mailand und Turin konnte man auf bereits bestehende Industrieanlagen und eine gut ausgebaute Infrastruktur zurückgreifen. Auch die topographische Lage im Schnittpunkt europäischer Handelswege begünstigte den schnellen wirtschaftlichen Aufschwung Oberitaliens. Das historische Ungleichgewicht zwischen Industriemonopol im Norden und feudaler Agrarordnung im Süden wuchs indes zusehends zum größten gesellschaftlichen und wirtschaftlichen Problem Italiens. Der Süden lieferte allein die Hände, die in den Industriemetro-

Steckbrief

Lombardei (Lombardia)
- **Provinzen:** Bergamo, Brescia, Como, Cremona, Lecco, Lodi, Mailand, Mantua, Pavia, Sondrio, Varese
- **Hauptstadt:** Mailand (1,4 Mio. Einw.)
- **Fläche:** 23 856 km²
- **Höchster Berg:** Piz Bernina (4049 m)
- **Wichtigster Fluss:** Po (652 km)
- **Bevölkerung:** 8,93 Mio.
- **Bevölkerungsdichte:** 375 pro km²

Piemont (Piemonte)
- **Provinzen:** Alessandria, Asti, Biella, Cuneo, Novara, Turin, Verbano-Cusio-Ossola, Vercelli
- **Hauptstadt:** Turin (1 Mio. Einw.)
- **Fläche:** 25 399 km²
- **Höchster Berg:** Monviso (3841 m)
- **Wichtigster Fluss:** Po (652 km)
- **Bevölkerung:** 4,35 Mio.
- **Bevölkerungsdichte:** 171 pro km²

polen Mailand und Turin so dringend gebraucht wurden.

Im Goldenen Dreieck von Mailand, Turin und Genua bilden Fiat und Olivetti in Turin sowie der Chemiekonzern Enimont-Montedison in Mailand die bedeutendsten Unternehmen in einer weit verzweigten Industrielandschaft, deren Eckpfeiler die Papiererzeugung und die Textilindustrie sind, die chemische und die Elektroindustrie sowie der Auto- und Maschinenbau. Doch im Zuge der allgemeinen wirtschaftlichen Krise seit den 1990er Jahren melden immer mehr nationale und multinationale Unternehmen Konkurs an. Die Wirtschaftskrise des neuen Jahrtausends trifft vor allem die zahlreichen Kleinbetriebe hart, die für den Norden Italiens so typisch sind.

Die Zahl der Arbeitslosen steigt entsprechend auch im Norden immer höher. Nun rächt sich die rücksichtslose Industrialisierung der 1950er Jahre, die, ohne auf gewachsene Strukturen zu achten, die Landschaften zersiedelte und die Menschen in Wohnsilos außerhalb der Städte zusammenpferchte, wo es jetzt viele soziale Probleme gibt.

Politik

Die Umgestaltung der italienischen Parteienlandschaft in den 1990er Jahren geht nicht zuletzt auf die vielen Korruptionsskandale zurück, in die etablierte Parteien wie die *Democrazia Cristiana* oder auch die Sozialistische Partei *(PSI)* unter Bettino Craxi verwickelt waren. Dies ließ nicht nur neue Parteien entstehen, auch das Wahlverhalten der Italiener änderte sich, was für das Land nicht ohne Folgen blieb. Das mehrheitliche Votum der Norditaliener zum Beispiel für die *Lega Nord,* die für eine Abspaltung des reichen Nordens vom unterentwickelten und armen Süden plädiert und eine radikale Veränderung der italienischen Verfassung fordert, stellte das gesamte Land gesellschaftspolitisch vor eine Zerreißprobe.

Auch hat sich nur wenig an den alten Usancen der Vetternwirtschaft und Korruption geändert, der Verquickung von wirtschaftlichen und politischen Interessen. Wie tief Parteipolitik und Kapital verfilzt sind, zeigte eine spektakuläre Serie von Prozessen, die Mailänder Staatsanwälte und Untersuchungsrichter eingeleitet hatten.

Unter dem Motto »Mani pulite« (»saubere Hände«) sollte mit der Korruption, mit den *tangenti,* den Schmiergeldern, mit denen sich Parteipolitiker und Unternehmer gegenseitig bedienten, aufgeräumt werden. Doch zum Schrecken der Bevölkerung stellte sich heraus, dass selbst Teile der Justiz beim lukrativen Geschäft der Tangenti eifrig mitmischten.

Bei so viel politischen und wirtschaftlichen Verstrickungen verwundert weder der eklatante Verlust an Vertrauen in die etablierten politischen Parteien noch die allgemeine Politikverdrossenheit. Doch glücklicherweise neigen die Italiener wenig zu Radikalismus.

Ab 1996 regierte in Italien ein Mitte-Links-Bündnis, dem es in kurzer Zeit gelang, die gesellschaftlichen Kräfte wieder in der politischen Mitte zu bündeln, so dass den radikalen Parteien die zugkräftigen Schlagwörter langsam ausgingen. 2001 jedoch kam ein rechtes Bündnis an die Regierung, dem auch die *Alleanza Nazionale,* die Nachfolgerin der Faschistischen Partei, angehört. Ministerpräsident ist Silvio Berlusconi, der Führer der *Forza Italia,* die sich bei den Wahlen durchgesetzt hatte.

Geschichte im Überblick

191 v. Chr. Oberitalien wird zur römischen Provinz Gallia Cisalpina.

293 Im Zuge der Staatsreform von Diokletian wird Mailand Hauptstadt des Weströmischen Reiches.

313 Kaiser Konstantin der Große erlässt das Mailänder Edikt, d. h., das Christentum wird Staatsreligion.

374 Ambrosius wird Bischof von Mailand.

568 Die Langobarden erobern ganz Oberitalien; Verlegung der Residenz von Mailand nach Pavia.

1093 Gründung des Lombardischen Städtebundes.

1176 Nach der verheerenden Zerstörung Mailands 1162 siegen die lombardischen Städte 1176 bei Legnano über die Truppen des Kaisers. Im Frieden von Konstanz (1183) erhalten sie Autonomie.

1227 Die Visconti gelangen in Mailand an die Macht, die sie bald bis Venetien und Piemont ausweiten.

1328 Luigi Gonzaga übernimmt die Herrschaft in Mantua.

1416 Die Grafschaft Savoyen wird Herzogtum.

1450 Die Sforza übernehmen die Macht in Mailand, bis Ludovico il Moro durch König Ludwig XII. von Frankreich vertrieben wird.

1535 Das Herzogtum Mailand fällt an Spanien.

1701–1714 Im Spanischen Erbfolgekrieg fallen die Lombardei und Mantua an die österreichischen Habsburger.

1796 Napoleon erobert die Lombardei und Venetien.

1805 Napoleon wird im Mailänder Dom zum König von Italien gekrönt.

1815 Nach dem Sturz Napoleons werden auf dem Wiener Kongress die Lombardei und Venetien erneut Österreich zugesprochen.

1848 »Cinque Giornate«-Aufstand in Mailand; Karl Albert von Piemont setzt sich an die Spitze der nationalen Unabhängigkeitsbewegung, die 1853 Österreichs Vorherrschaft beendet.

1861 Italien wird Nationalstaat. Vittorio Emanuele II nimmt den Titel »König von Italien« an.

1922–1926 Der Faschismus unter Mussolini erobert die Staatsmacht.

1943 Landung der Alliierten, Sturz Mussolinis.

1946 Italien wird Republik.

1992 Große Wahlerfolge der neu gegründeten Lega Nord.

1994 Das Mailänder Antikorruptionskomitee »Mani pulite« deckt reihenweise Bestechungsaffären auf, die bis in höchste Regierungskreise reichen. Silvio Berlusconi, Mailänder Medienzar und Gründer der rechts gerichteten Partei Forza Italia, wird Ministerpräsident Italiens. Ende 1994 tritt er zurück.

1996–2001 Mitte-Links-Regierung.

1999 Turin erhält den Zuschlag für die Ausrichtung der Olympischen Winterspiele im Jahr 2006.

2001 Silvio Berlusconi wird erneut Ministerpräsident, nachdem sich die Forza Italia bei den Wahlen durchgesetzt hat. Italiens reichster Mann ist zu diesem Zeitpunkt Angeklagter in 14 Strafprozessen.

2003 Zunehmender Unmut der Italiener und Demonstrationen gegen die Politik Berlusconis, der zahlreiche Gesetzesänderungen zu seinen Gunsten vornimmt.

Kultur gestern und heute

Spannungsreiche Vielfalt prägt in Oberitalien nicht nur die Landschaft, sondern auch die Kunst. Lombardei und Piemont waren ein geschichtsträchtiger Korridor, in dem die verschiedenen Kulturen der durchziehenden Völker aufeinander trafen und sich gegenseitig befruchteten, leider aber auch zerstörten.

Eine erste flächendeckende Organisation und Kultivierung Oberitaliens kam mit den Römern im frühen 3. Jh. v. Chr. Doch nur wenige Bauten aus der Antike überstanden die Jahrhunderte. Vieles fiel den Brandschatzungen und Plünderungen der Völkerwanderungszeit zum Opfer. Den Bauherren des Mittelalters waren antike Tempel und Theater ein willkommener Steinbruch.

Doch die noch fast vollständige römische Stadtanlage von Aosta, die Bäder in Acqui Terme, die Säulen von San Lorenzo in Mailand oder die Reste des Kapitols und des Theaters in Brescia sowie die Grotte des Catullus am Gardasee sind noch heute stumme Zeugen einer Hochkultur.

Die Lombardei hat einige der bedeutendsten römischen Dichter hervorgebracht. Plinius der Ältere, der das Kompendium »Naturalis historia« verfasste, sowie sein Neffe Plinius der Jüngere, Redner, Literat und Konsul, stammten vom Comer See. Und Vergil, berühmtester Dichter der Augusteischen Zeit und Autor der »Aeneis«, »Bucolia« und »Georgica«, wurde in Mantua geboren.

Ornamentik der Langobarden

Die Langobarden hatten die spätantiken und frühchristlichen Basiliken in der Lombardei und im Piemont übernommen, in derselben Tradition Neubauten errichtet oder die alten verschönert. Sie zeigten eine Vorliebe für Wandmalereien, Mosaiken und kunstvolle Ornamente. Charakteristisch für die Ausstattung ihrer Bauten ist das Flechtband, das sie zur Umrahmung

Tagebuch im Felsen

Was die keltischen Camunen, die im 7. und 6. vorchristlichen Jh. in Oberitalien siedelten, so umtrieb, welche Sorgen sie hatten, welche Freuden, lässt sich an rund 100 000 Felszeichnungen ablesen, die man im oberen Valcamonica fand. Auf riesigen Felsplatten, wie sie die Natur rund um Capo di Monte bietet, verzeichneten die keltischen Stämme zunächst mit Kieselsteinen, später mit Eisenspitzen Alltagsszenen, die mit ihrer Direktheit und Unmittelbarkeit beeindrucken. Man sieht Menschen und Tiere, Jagdszenen, Tauschgeschäfte und Menschen bei der Arbeit sowie Göttersymbole und Opferszenen.

1979 wurden die camunischen Felszeichnungen, die in verschiedenen Museen bewahrt werden und in archäologischen Parks in Niadro und Breno (s. S. 57) zu besichtigen sind, von der UNESCO zum Weltkulturerbe ausgerufen.

Eine Meisterleistung der Langobarden: variantenreicher Säulenschmuck am Dom zu Como

Das gotische Castel Fenis gilt als die bedeutendste Wehrburg des Aostatals

der Fläche einsetzten. Die Lust am Dekor zeigt sich heute noch an Altären, Ziborien, Kanzeln oder Chorschranken, die mit prachtvollen Reliefs verziert wurden. Damit wagten die Langobarden einen ersten Schritt in Richtung Architekturplastik oder Vollplastik, die nach frühchristlicher Auffassung einer heidnischen Götzenanbetung gleichkam. Im Piemont sind Kunstwerke des ersten Jahrtausends – abgesehen von einigen Römerbauten – nicht mehr erhalten. Die Sarazenen, die im 10. Jh. Herren des Mittelmeers waren, hatten einen ihrer bedeutendsten Stützpunkte in Fraxinetum an der ligurischen Küste. Von hier aus durchkämmten sie den Piemont und das Aostatal nach Kostbarkeiten; alle Bauten wurden dabei vollständig zerstört. Nach ihrer Vertreibung im 10. Jh. schrieb man im Piemont in kunsthistorischer Hinsicht quasi die Stunde Null.

Die Maestri comacini

Die Steinmetze vom Comer See prägten seit dem 11. Jh. den lombardischen Baustil: große Gewölbekirchen mit einer Vorhalle sowie einem freistehenden Campanile. Ihre Arbeiten gaben einen enormen kulturellen Anstoß, der von Oberitalien aus in die Länder nördlich der Alpen reichte. Die »Maestri comacini« und die mit ihnen kooperierenden »Maestri intelvesi« aus dem Intelvital waren gefragte Künstler, die in einer Art Handwerkerverbund in halb Europa die Kirchenbaukunst prägten.

Für den Piemont ist die **Romanik** neben dem Barock die bedeutendste Kunstepoche. Zahlreiche Klöster und kleine Pfarrkirchen überziehen seit der Romanik das Land und begründen den Neubeginn christlichen Lebens nach dem Sturm der Sarazenen.

Himmelssturm der Gotik

Mönche brachten Ende des 12. Jhs. die die Gotik nach Oberitalien. Zu Beginn des 12. Jhs. entstanden vielerorts Kathedralen, deren Bau sich oftmals über Jahrhunderte hinzog. Daher lässt sich häufig der Übergang von der Romanik zur Gotik im oberitalienischen Kirchenbau ablesen. Vorbild der italienischen Gotik waren die Kathedralen Frankreichs, auch wenn deren atemberaubende vertikale Architektur in Italien so nie nachvollzogen wurde. Dennoch wandte man in Mailand den adaptiven Blick noch lange nach

Reims oder Chartres, während die Toskana bereits mit der Renaissance die Baukunst revolutionierte.

Im Aostatal entstanden zahlreiche prachtvolle Burgen, deren feine Gotik einen kontrastreichen Spannungsbogen zu der rauen Kargheit der Landschaft aufbauen. Im Piemont dagegen ließen sich die Adeligen prächtige Palazzi mit spitzbogigen Fenstern und Portalen errichten, die in manchen Städten wie Rivoli oder Casale Monferrato bis heute das Bild ganzer Straßenzüge prägen.

Ideale der Antike: die Renaissance

Allein die Gonzaga in Mantua gaben sich in der Lombardei offen für die neuen Künstler der Renaissance. Der kunstbeflissene Markgraf Ludovico Gonzaga rief den brillanten Baumeister Leon Battista Alberti sowie den Maler Andrea Mantegna an seinen Hof.

Im Rahmen einer großzügigen Umstrukturierung des Stadtkerns nach dem Konzept der *città ideale* wurde Alberti der Bau zweier repräsentativer Kirchen anvertraut: Sant'Andrea sowie San Sebastian, die heute zu den Wahrzeichen der Stadt gehören. Alberti war ein ausgezeichneter Kenner aller Künste und Wissenschaften, ein enzyklopädischer Geist, der schließlich die Baukunst zu seinem Metier erkor.

Es waren die bahnbrechenden Ideen der Renaissancekünstler – darunter vor allem Leonardo da Vinci, der 17 Jahre in Mailand arbeitete –, die lange vor einer politischen Einigung

Cesare Pavese – eine unheilbare Lebenseinsamkeit

Cesare Pavese, einer der bedeutendsten Autoren der italienischen Nachkriegsliteratur, litt zeit seines Lebens an dem menschlich wie künstlerisch uneinlösbaren Anspruch an sich selbst. Seine ruhelos zerrissene Seele ließ ihm keinen Frieden beim »Handwerk des Lebens«, wie er sein Tagebuch betitelte. Sie entfachte immer wieder in ihm die Sehnsucht nach einem ungetrübten Dasein unter dem Himmel der kleinen piemontesischen Dörfer, wie eben seiner Heimat: Santo Stefano Belbo, eingebettet in die Hügel des lieblichen Monferrato. Die Landschaft seiner Heimat fand in zahllosen Varianten Eingang in seine Bücher, Pavese liebte sie »bis zur Verrücktheit«.

Die Romane und Texte Paveses beschreiben das Leben als eine Krise in Permanenz, der man nicht ausweichen kann, obwohl er selbst es mehrmals versuchte. Einzig die Poesie vermochte ihm noch Hoffnung zu geben. Doch er fühlte sich als »einsamer Mann vor dem unnützen Meer« mit der Gewissheit: »Man bringt sich um, weil eine Liebe, irgendeine Liebe, uns in unserer Nacktheit, unserer Wehrlosigkeit, unserem Nichts enthüllt.«

Im Frühsommer des Jahres 1950 erhielt Cesare Pavese den wichtigsten italienischen Literaturpreis, den Premio Strega, am 27. August setzte er seinem Leben in einem Turiner Hotelzimmer ein Ende.

Italiens eine geistige und künstlerische Verbindung der einzelnen Stadtrepubliken stifteten. Bei Leonardo hatte neben Bernardino Luini auch Gaudenzio Ferrari gelernt, der tonangebend für die piemontesische Renaissancemalerei war und vor allem in Vercelli, in der Kirche San Cristoforo, bedeutende Freskenzyklen mit einem ungewöhnlichen Tiefgang gestaltete (s. S. 84).

Prachtentfaltung des Barock

Nach einer kurzen, aber äußerst intensiven Zeit, in der der Manierismus vor allem in der Lombardei für etliche spannungsreich gestaltete Bauten sorgte – wie etwa die Kirchenbauten Pellegrino Tibaldis –, feierte der Barock im 17. Jh. epochale Triumphe. Die Suche nach bühnenbildnerischen Effekten verdrängte nun den intellektuellen Gestus des Manierismus sowie die formelle Perfektion der Renaissance.

Strukturelle Elemente der Architektur nahmen irrationale Formen an, Säulen und Pfeiler dienten allein der Inszenierung des Raumes.

Der Barock ließ die kompositorische Strenge vorangegangener Jahrhunderte hinter sich. Die bedeutendsten römischen Barockbaumeister kamen von den oberitalienischen Seen: Domenico Fontana, Carlo Maderna, Martino Longhi sowie Francesco Borromini. Die Lombardei nahm die römischen Formen des Barock zwar auf, gestaltete sie jedoch verhaltener.

Zu einer vollendeten barocken Prachtentfaltung kam es in Turin. Die barocke Stadterneuerung der Herzöge von Savoyen wurde nach der Vereinigung des Piemont mit Turin als Residenzstadt der Könige von Sardinien-Piemont auf unübertroffene Weise vorangetrieben. Ganze Straßenzüge und Platzensembles entstanden im Stil des Barock und verwandelten die Stadt in eine einzige Bühne, auf der Adel und Kirche ihre Auftritte hatten. Auch kleinere Städte wollten an dem Glanz teilhaben, und so hielt der Barock schließlich im ganzen Piemont Einzug.

Auch die Musik wurde vom Barock beeinflusst. In Cremona schuf Claudio Monteverdi die erste Barockoper. 1607 wurde sein »Orfeo« aufgeführt, Auftakt einer großen Operntradition.

Literatur

Mit Alessandro Manzoni (1785–1873) aus Mailand und Vittorio Alfieri (1749–1803) aus Asti geben die beiden Regionen bedeutende literarische Impulse. Alfieri ist einer der Begründer des literarischen *Risorgimento,* der sich Mitte des 18. Jhs. für die politische Einigung Italiens stark engagierte. Er war reich, weit gereist und dem Leben sehr zugetan. 1774 schrieb er in Turin seine erste Tragödie, »Cleopatra«, mit der er bei ihrer Uraufführung 1775 große Erfolge feierte. Diesem Theaterstück folgten zahlreiche weitere Dramen, deren Aufbau sich streng an der klassischen Tragödientheorie orientierte.

Der Romancier Alessandro Manzoni gilt als der Schöpfer des modernen Italienisch. Seine Bedeutung für die italienische Sprache und Literatur wird nicht selten mit jener Dantes gleichgesetzt. Denn mit seinem Roman »I Promessi Sposi«, (»Die Verlobten«), der im 17. Jh. in der Lombardei spielt, schrieb er nicht nur ein Stück Weltliteratur, sondern begründete auch die moderne italienische Schriftsprache und Prosa. »Die Verlobten« erzählt die Geschichte von dem jungen Brautpaar Renzo und Lucia, deren Hochzeit durch Intrigen, Schicksalsschläge und Gewalt immer wieder verhindert wird. Im Geschehen um die Verlobten lässt Manzoni die gesellschaftlichen Strukturen und politischen Ereignisse dieser Zeit wieder lebendig werden.

Zu den namhaften modernen Literaten Oberitaliens gehören der Autor von »Der Name der Rose«, Umberto Eco, und Natalia Ginzburg, deren Roman »Familienlexikon« ein Meisterwerk der italienischen Nachkriegsliteratur ist.

»Seta« (deutsch 1997) wurde zum Sensationserfolg des Turiners **Alessandro Baricco,** seither Kultautor. Das Buch – eine Parabel auf die Liebe – erzählt die Geschichte des Seidenraupenhändlers Hervé Joncour.

Feste & Veranstaltungen

- **Carnevale:** In der Lombardei wird in fast allen Städten der Karneval im **Februar** sehr ausgiebig und ausgelassen gefeiert. Ihren Höhepunkt findet die aufgeheizte Stimmung in den karnevalesken Umzügen am Samstag nach Aschermittwoch.
- **Festa degli Navigli** in Mailand: In den *naviglie* findet **Anfang Juni** ein besonders schönes Fest statt, bei dem Wasserspiele und Schwimmwettkämpfe sowie viele lombardische Spezialitäten geboten werden.
- **Festa dei Lumaghitt** auf der Isola Comacina im Comer See: Auf dem hell erleuchteten See setzen **in der Nacht zum 24. Juni** blumengeschmückte Boote zur Isola Comacina über. Ein Ehrenfest für San Giovanni.
- **Festa di San Giovanni** in Turin: Am **24. Juni,** dem Festtag des Schutzpatrons der Stadt, finden hier ein malerischer Umzug in historischen Kostümen sowie Ritterspiele statt, die in romantischer Verklärtheit das Mittelalter unter Trommelwirbeln und Trompetenfanfaren wieder auferstehen lassen.
- **Festa dei Madonnari in Le Grazie** in Mailand: Am **15. August** jeden Jahres werden die schönsten Malereien auf dem Pflaster vor der Kirche Santa Maria delle Grazie prämiert.
- **Douja d'Or in Asti:** Der Beginn der Weinlese wird in Asti **Anfang September** zehn Tage lang auf der Piazza Alfieri feuchtfröhlich gefeiert.
- **Palio di Asti:** Am **dritten Sonntag im September** findet in Asti ein Pferderennen nach dem Vorbild von Siena statt. Auftakt des Spektakels ist ein farbenprächtiger Umzug in historischen Gewändern des Mittelalters.
- **Fiera del Tartufo in Alba:** Im **Oktober** dreht sich in Alba alles um die Trüffeln, die im Rahmen einer Messe in allen erdenklichen Variationen zubereitet und angeboten werden.
- **Festa del Padrono Sant'Ambrogio** in Mailand: Der Schutzpatron der Stadt wird im **Dezember** vor der von ihm geweihten Basilika mit einem Kunsthandwerks- und Antiquitätenmarkt geehrt, auf dem man auch köstliche lombardische Süßigkeiten findet.

Aus Küche und Keller

Nicht wegzudenken: Risotto und Wein

»Zur Zubereitung eines guten Risotto nach Mailänder Art ist Qualitätsreis erforderlich, etwa vom Typ Vialone, großkörnig und etwas runder als das Korn vom Typ Carolina, welches länglich, fast spindelförmig ist. Der Reis, der nicht völlig geschält (...) ist, genießt die Gunst der piemontesischen und lombardischen Kenner, der Landwirte selber für ihre eigene private Küche.« Der Literat und Journalist Carlo Emilio Gadda ist ein genauer Koch, doch »Urväterrisotto« ist für die Piemontesen und Lombarden so etwas wie ein Nationalgericht und verlangt nach einer genauen Rezeptur, die etwa auch die Provenienz der Butter festlegt, die aus dem Mailänder Flachland kommen muss, also aus dem Gebiet »vom Ticino zur Adda und hinunter bis Crema und Cremona«.

Krönung eines jeden Risottos ist der Safran, der dem Reisgericht seine typische Farbe verleiht. Im Piemont reichert man den Reis in den ersten Novembertagen auch mit kostbaren, geschabten Trüffeln oder mit Pilzen an, in Como nimmt man Fisch und in Pavia Froschschenkel. Die Norditaliener ziehen der sonst im Land üblichen Pasta den Reis einfach vor. Auch verwendet man anstelle von Olivenöl häufiger Butter.

Dazu trinkt man natürlich einen edlen Wein – sind doch die Lombardei und das Piemont berühmte Anbaugebiete. Prominente Namen auf den Etiketten sind Barolo, Barbaresco, Gattinara, Barbera und Gavi. Mehr dazu lesen Sie im Special, S. 6/7.

Nach Italien fährt man auch des Essens wegen

Die lombardische Küche

Sie ist eine einfache, bodenständige Küche selbst noch in ihren üppigsten Gerichten oder Spezialitäten, wie etwa dem *panettone,* einem Hefekuchen mit kandierten Früchten, den man vor allem um die Weihnachtszeit serviert.

Den Österreichern schauten die Lombarden ihre Vorliebe für Paniertes ab – ob auch das *costoletta alla milanese,* ein in Ei und Semmelbröseln gewälztes und in Butter gebackenes Kalbsschnitzel, ist bis heute eine Streitfrage. Unbestritten lombardisch ist der deftige *ossobuco,* eine Kalbshaxe, die mit dem Knochenmark in einem Ragout geschmort und mit Reis und grünen Erbsen serviert wird. Manchmal gibt es auch *polenta* dazu, einen deftigen Maismehlbrei, der traditionell wie der Risotto im Kupferkessel über offenem Feuer zubereitet wird.

Eine besondere Spielart der lombardischen Küche sind ihre viel gerühmten Eintöpfe: Die legendäre *zuppa pavese* ist ein Allerlei aus Brot, Ei und Brühe. Aus Würstchen, Wirsing, Schweinerippchen und Speckschwarte kocht man eine *cassoeula;* jede Stadt pflegt ihre eigenen Rezepte. Schlemmer kommen in der Lombardei besonders in Mantua auf ihre Kosten. An der Piazza Sordello findet man die feinste *torta sbrisolona,* einen festen Mandelstreuselkuchen, der in Mantua bereits in den Öfen der Gonzaga gebacken wurde. Weitere Köstlichkeiten sind die *tortellini di zucca,* süße, mit Kürbis gefüllte Teigtaschen, und der *lucio in salsa Mantova,* ein zarter Hecht in scharfer Peperoni-Kapern-Sauce.

Tipp Ein Revier zum Schlemmen ist die Gegend um den **Lago d'Iseo,** wo man sich auf die phantasievolle Zubereitung von Fisch spezialisiert hat. In unmittelbarer Nähe liegt die Weinregion Franciacorta mit renommierten Weiß-, Perl- und Rotweinen.

Piemontesische Gerichte

Die piemontesische Küche ist vor allem wegen ihrer Trüffeln bekannt, die im Herbst nach der Trüffelsuche über Pasta, Risotto oder Carpaccio gehobelt werden. Das piemontesische Nationalgericht ist die *bagna càuda,* eine heiße Sauce aus Knoblauch, Kräutern, Anchovis und Öl, in die man frisches Gemüse tunkt.

Man mag es stark gewürzt, daher wandert in fast jeden Kochtopf viel Knoblauch. Er gibt den *agnolotti,* mit Gemüse, Hackfleisch und Kräutern gefüllten Teigtäschchen, ihr Aroma, oder dem *gran buji,* einem Eintopf aus unterschiedlichen Fleischarten und einer pikanten Tomatensauce.

Nach Käsespezialitäten wie der mürben *robiola* oder den *formagelle* aus Schafsmilch beschließen die *gianduiotti,* kleine, sahnige Kakaoschiffchen mit einer Nougatfüllung, ein Mahl. Auch die *panna cotta,* ein luftiger Sahnepudding mit Himbeermark, könnte eine Schlemmerei krönen.

Urlaub aktiv

Wandern und Bergsteigen

Das Hinterland der oberitalienischen Seen, die piemontesischen Alpen und das Aostatal sind ideale Wanderreviere. Um Comer See und Gardasee sowie im Aostatal findet man gut markierte Wege. Der mehr als 100 km lange Höhenweg **Alta Via 1** führt durch die südlichen Walliser Alpen und die Monte-Rosa-Täler, die **Alta Via 2** verläuft ab Courmayeur in umgekehrter Richtung durch die Rutor- und Paradisogruppe. Der **Parco Gran Paradiso** ist ein geschütztes Naturparadies und ein großartiges Wandergebiet. Lesen Sie dazu das Special auf S. 10/11.

Tipp Auf der **Via di Monti Lariani** von Breglia bis Dongo hat man den Comer See im Blick, kommt an Almen vorbei und durchquert altes Kulturland (leichtere Wanderung auf Weg Nr. 3, Dauer ca. 6 Std.).

i Regionale Alpenvereine; Zentrale: **Club Alpino Italiano,** Via San Pellico 6l, I-20127 Milano, Tel. 02 86 46 35 16, www.caimilano.it

Wassersport

Die Seen der Lombardei bieten Möglichkeiten zum Baden, Segeln, Surfen, Wasserski oder Motorbootsport. In größeren Ferienorten gibt es Surf- oder Segelschulen.

i Segelschulen: **Cantiere Nautico Crespi,** Viale Baraca, I-28042 Baveno (Verbania), Tel. 0 32 32 82 80; **Cantiere Nautico Cadé,** Piazza Lago, I-21010 Castelveccana (VA), Tel. 03 32 52 00 10; **Circole e Scuola Vela**

Der Lago di Garda ist ein Paradies für Surfer und Segler

Lega Navale Italiana, Via Imbarcadero 1, I-22054 Mandello del Lario (Lecco), Tel. 03 41 73 03 55.
▮ Wasserski fahren kann man im **Club Sci Nautico,** Via per Osteno, I-22018 Porlezza (Como), Tel. 0 34 46 18 52.
▮ Surfschulen am Gardasee: **Pippo Sport,** Padenghe sul Garda, Tel. 03 09 90 70 63; **Centro Surf Martini Sport,** Sirmione, Tel. 0 30 91 62 08.

Golf

Federazione Italiana Golf:
▮ **Comitato Regionale Lombardo,** Via Piranesi 44, Milano, Tel. 02 70 10 74 16.
▮ **Comitato Regionale Piemontese,** Torino, Via Roma 101, Tel. 0 11 54 30 13.

i Mailand: **Assessorato Provinciale Sport,** Turismo, Tempo Libero, Via Vivaio 1, Tel. 0 27 74 01.
▮ Turin: **Assessorato al Turismo,** Sport e Tempo Libero della Provincia, Via San Francesco da Paolo 3, Tel. 0 11 53 51 81.

Reiten

Reitschulen findet man an den lombardischen Seen u. a. in Magreglio oder Canzo (Comer See), in Ghirla und Bodio (im Varesotto) sowie in Toscolano Maderno und Desenzano (Gardasee) oder in Asti und dem Monferrato.

i **Nationale Vereinigung des Reittourismus**
(Federazione Nazionale Turismo Equesri), Corso Vittorio Emanuele II 190, Torino, Tel./Fax 01 14 34 17 81.

Wintersport

Skifahrer (auch Langlauf) kommen bei Courmayeur, bei Pila und Cervinia, rund um Cuneo, am Monte Penice, bei Livigno oder Bormio auf ihre Kosten. Eine Karte der Gebirgsorte der Lombardei mit Hotel- und Sporteinrichtungen gibt es bei der **Regione Lombardia, Settore Commercio, Sport e Tempo Libero,** Via Fabio Filzi 22, I-20124 Milano. Infos auch im Web: www.regione.lombardia.it

Unterkunft

Eine Suite im Mailänder Luxushotel Four Seasons oder ein Kämmerchen in einer *baita,* einer Berghütte im Aostatal – das Angebot beinhaltet etwas für jeden. Wer sein müdes Haupt in einer Burg betten möchte, kann im Castello di San Giorgio in San Giorgio Monferrato durchaus komfortabel übernachten. Weinliebhaber finden im Piemont zahlreiche Weingüter, die auch Zimmer vermieten. Bauernhöfe *(agriturismo)* bieten für Familien eine preiswertere Alternative (**Agriturist Lombardi,** Via Isonzo 27, 20135 Milano, Tel. 02 58 30 21 22).

Die meisten Campingplätze liegen in reizvollen Landschaften (**Federazione Italiana del Campeggio,** V. Vittorio Emanuele, 50041 Calenzano, Tel. 0 55 88 23 91, www.federcampeggio.it).

Luxushotels findet man vor allem in Mailand und Turin sowie in den Ferienorten an den oberitalienischen Seen. Wer jedoch in einem Adelspalast inmitten von duftenden Blütengärten übernachten möchte, sollte sich in Verbania am Lago Maggiore oder in der Umgebung von Como umsehen. Mittelklassehotels haben oft recht unterschiedliche Qualität, schauen Sie sich die Zimmer an. In Bergamo, Mantua oder Cremona gibt es stilvolle Quartiere in alten Palästen und Villen, die vergleichsweise günstig sind.

Hotelbuchung Lombardei: **Assessorato al Turismo,** Via Fabio Filzi 22, I-20124 Milano, Tel. und Fax 02 67 65 54 28.

- Hotelbuchung Piemont: **Associazione Albergatori Piemontesi,** Via Massena 20, I-10128 Torino, Tel. 01 15 62 88 13.

Reisewege

Anreise

Milano-Linate, Milano-Malpensa und Torino-Caselle werden mehrmals täglich von fast allen europäischen Städten aus angeflogen.

Knotenpunkt des Bahnnetzes in Oberitalien ist der Mailänder Bahnhof, die *Stazione Centrale.* Von hier gehen beinahe stündlich Züge nach Turin und Bologna sowie zu den wichtigsten oberitalienischen Städten.

Schnellste Anfahrtswege mit dem Auto nach Oberitalien sind die Sankt-Gotthard- sowie die Brenner-Autobahn bzw. die Strecke über Lindau, Chur und den San-Bernardino-Pass. Die Benutzung der Schweizer Autobahnen, der Brenner-Autobahn sowie der Autostrade ist gebührenpflichtig. Bei der Anfahrt nach Mailand ist zu bedenken, dass das Zentrum für den Verkehr gesperrt ist. Parkplätze gibt es außerhalb der Stadt (Buszubringer zum Zentrum).

Unterwegs im Land

Tankstellen sind überall zu finden, viele werden jedoch über Mittag, spät abends sowie sonntags nicht bedient, daher empfiehlt es sich, 10-Euro-Scheine für die Tankautomaten vorrätig zu haben.

Bei Verkehrsverstößen wie Halte- und Überholverbot oder Geschwindigkeitsüberschreitung muss man mit drakonischen Bußgeldern rechnen; Falschparker werden abgeschleppt. Es gilt Anschnallpflicht.

Es gibt ein gut ausgebautes Busnetz. Auskunft über Abfahrtszeiten und Haltestellen erhält man bei den örtlichen Verkehrsvereinen.

***Mailand

Seite 30

Die urbanste der Städte«

Die feinsten Designer, die verrückteste und eleganteste Mode, die besten Restaurants, die meisten Feinkosthändler und der lauteste Trubel – geht es um Lebensart, ist Milano Italiens »numero uno«. Mailand, das ist ein einziges urbanes Abenteuer. Die in Jahrhunderten gewachsene Residenzstadt der Visconti und Sforza sowie der österreichischen Vizekönige explodierte nach dem Anschluss an das Königreich Italien zu einer der bedeutendsten europäischen Industriemetropolen. Am Tag auf der Via Montenapoleone, die zur Rush hour am späten Nachmittag mit ihren prachtvollen Modetempeln Hof hält wie eine Königin. Auf dem Platz vor dem Dom, diesem gigantischen Opus himmelstürmender Baukunst. Oder abends an den »naviglie«, den stillen Kanälen, wo Kneipen und Restaurants die Nachtschwärmer locken. Spannungsreich ist auch Mailands Geschichte, in der der ruhmreiche Hof des Ludovico il Moro mit Künstlern wie Leonardo da Vinci nur einer der kulturellen Glanzpunkte war.

Mailand – die Modemetropole

Geschichte

Die Legende vom Anfang Mailands erzählt von einem Wildschwein, das durch eine dichte Weißdornhecke preschte und auf dem heutigen Mailänder Domplatz anhielt. Kelten gründeten daraufhin eine Siedlung zwischen Po, Ticino und Adda. Die strategisch günstige Lage erkannten die Römer, die die Kelten 222 v. Chr. verdrängten und 89 v. Chr. der Stadt *Mediolanum* Bürgerrecht verliehen. Schon bald entwickelte sich der Ort zu einem Verkehrsknotenpunkt im Norden des Römischen Reiches. Vielleicht sorgte der rege Austausch mit anderen Regionen für die tolerante Aufgeschlossenheit Mailands: Im Jahre 313 wurde durch Kaiser Konstantin den Großen im Edikt von Mailand die Entwicklung des Christentums zur Staatsreligion vorbereitet. Es war vor allem der Mailänder Bischof Ambrosius, der die Stadt durch die Einführung der Liturgie und des Kirchengesangs neben Rom zum geistlichen Zentrum des Landes machte. Die kulturelle Blütezeit war aber nur von kurzer Dauer.

Im 5. und 6. Jh. wurde Mailand von Westgoten, Hunnen, Ostgoten und schließlich den Langobarden, die ihre Residenz nach Pavia verlegten, überrannt. Sie zerstörten blindlings das gewachsene Gefüge der Stadt. Mailand fiel zusehends in die Bedeutungslosigkeit und leistete sich erbitterte Kämpfe mit Pavia, der neuen Hauptstadt des Langobardenreiches.

Erst im 11. Jh. konnte es im Lombardischen Städtebund wieder eine dominierende Stellung erlangen. Aus dem Streben nach kommunaler Autonomie entstand im 12. Jh. in vielen Städten Nord- und Mittelitaliens die sog. *Signoria*, ein Stadtparlament, das

Seite 30

nun, unter der Herrschaft der beiden Adelsgeschlechter der Visconti und Sforza, eine der glanzvollsten Perioden Mailands einläuten sollte.

Vor allem Ludovico il Moro verwandelte die Stadt in eines der bedeutendsten kulturellen Zentren der damaligen Zeit und holte Leonardo da Vinci sowie Bramante an seinen Hof. Politisch geriet das Herzogtum jedoch immer mehr in Bedrängnis. 1500 gelang es Ludwig XII. von Frankreich, die Herrschaft in Mailand zu übernehmen.

Wieder begann eine jahrzehntelange Besatzungszeit, in der sich Spanier, Österreicher, Franzosen und dann erneut die Österreicher gegenseitig ablösten. Erst 1859 zog König Vittorio Emanuele II von Piemont in Mailand ein und befreite die Stadt von jahrzehntelanger Fremdherrschaft; zwei Jahre später wurde das Königreich Italien ausgerufen.

Am ***Dom ❶

Alles in Mailand nimmt seinen Ausgang beim Dom – sagen die Fremden. Die Mailänder halten oftmals die Basilica Sant'Ambrogio dagegen. Vielleicht, weil sie sich als *Ambrosiani* verstehen und den Bischof aus dem 4. Jh. als ihren Stadtvater verehren. Keiner würde aber bestreiten, dass der Dom, dieser riesige Marmorkoloss, Mailands imposantestes Baudenkmal, und wenn auch nicht geistiges, so doch augenfälliges Zentrum der Stadt ist. Dass bei dem Bau des Mailänder Doms schon immer so etwas wie Bühnengestaltung und Architekturdramaturgie mitspielte, belegt die einzigartige Baugeschichte, die sich von 1385 bis 1950 hinzog, als man schließlich noch die Bronzeportale an der Hauptfassade fertig stellte.

»Eine sinnlose Hässlichkeit und leere Gedankenlosigkeit«, beschimpfte der Schweizer Kultur- und Kunsthistoriker Jacob Burckhardt den Mailänder Dom, und auch Goethes Urteil fiel nicht gerade wohlwollend aus.

Im Laufe der Jahrhunderte entstanden unzählige Marmorfiguren der verschiedensten Stilrichtungen, die die Fassade sowie die Fialen- und Turmwälder bevölkern und beleben. Von überall her blicken die Heiligen und überragen stolz die Stadt. Den höchsten Punkt des Doms krönt eine 4 m hohe Madonna.

Tipp Die mit Marmortafeln gepflasterten **Dachterrassen des Doms,** zu denen an der Nordseite eine Treppe und ein Fahrstuhl führen, bieten einen weiten Ausblick auf die Stadt und die lombardische Ebene. Darüber hinaus ist es ein Erlebnis besonderer Art, in dieser gleichsam himmlischen Stadt zwischen den Fialen, Giebeln, Zinnen und Statuen spazieren zu gehen.

Innenraum

Das weite, nur spärlich beleuchteteInnere des Doms scheint von einem nie enden wollenden Summen erfasst, hervorgerufen durch die vielen Menschen, die ihn besuchen. 52 Bündelpfeiler teilen das Langhaus in fünf Schiffe, in denen im diffusen Licht die Heiligen hoheitsvoll von den Wänden blicken. Die Innengestaltung des Doms geht vor allem auf den manieristischen Künstler Pellegrino Tibaldi zurück, den Carlo Borromeo, der erste Bischof von Mailand, mit der Gestaltung der Fußbodenmosaiken sowie zahlreicher Altäre beauftragte. Sein Hauptwerk ist der Hochaltar in der

Der Mailänder Dom, das imposanteste Baudenkmal der Stadt

Seite 30

Die Piazza del Duomo, Forum für Straßenkünstler aller Art

Chorkapelle. Auch die **Krypta** unter dem Chor entstand 1606 nach Entwürfen Tibaldis.

Von hier steigt man in die **Borromäus-Kapelle,** einen besonders prunkvoll ausgestatteten Raum, in dem der Heilige in einem Sarkophag aus Bergkristall ruht. In einem angrenzenden Raum wird der **Domschatz** gezeigt: kostbarste Gold-, Silber- und Elfenbeinarbeiten aus dem 4. bis 17. Jh.

Der **Trivulzio-Kandelaber** im nördlichen Querschiff des Doms ist eine wunderbare Schmiedearbeit. Der imposante siebenarmige und fünf Meter hohe romanische Bronzeleuchter aus dem 12. Jh. wird einem französischen Meister zugeschrieben.

In die Vorgeschichte des Gotteshauses führt eine Treppe im Innern seitlich des Hauptportals. Unter dem Domplatz legte man im Rahmen jahrzehntelanger Ausgrabungen die gesamte Anlage der über einem achteckigen Grundriss gebauten Taufkirche **San Giovanni alle Fonti** frei, die im 4. Jh. unter Ambrosius errichtet worden war. Sie war das erste Baptisterium der Christenheit.

Piazza del Duomo

Der Platz fungiert als Spiegelbild der Stadt. Die Lichtreklamen, die Baustellen, die unterschiedlichen Fassaden und das Gebirge des Doms bilden ein spannungsreiches Ensemble, das durchaus typisch ist für das Mailand von heute. Es lohnt sich, einen Augenblick auf den Treppen zu verweilen und das bunte Treiben auf dem Domplatz zu beobachten.

In der Mitte des Platzes erinnert ein bronzenes Reiterstandbild an König Vittorio Emanuele II, der Mailand 1859

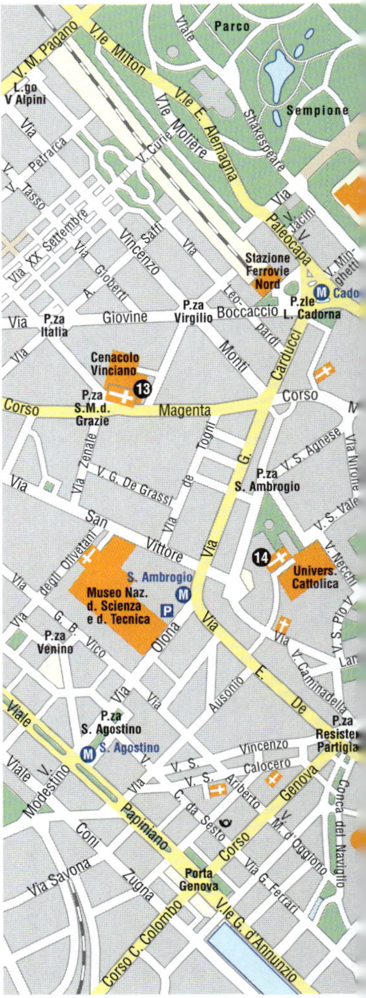

1. Dom
2. Palazzo Reale
3. S. Gottardo
4. Piazza dei Mercanti
5. Galleria Vittorio Emanuele
6. Piazza della Scala
7. Museo Poldi-Pezzoli
8. Pinacoteca di Brera
9. Museo del Risorgimento
10. S. Satiro
11. Pinacoteca Ambrosiana
12. Castello Sforzesco
13. S. Maria delle Grazie
13. Basilica S. Ambrogio
15. S. Lorenzo Maggiore
16. S. Eustorgio

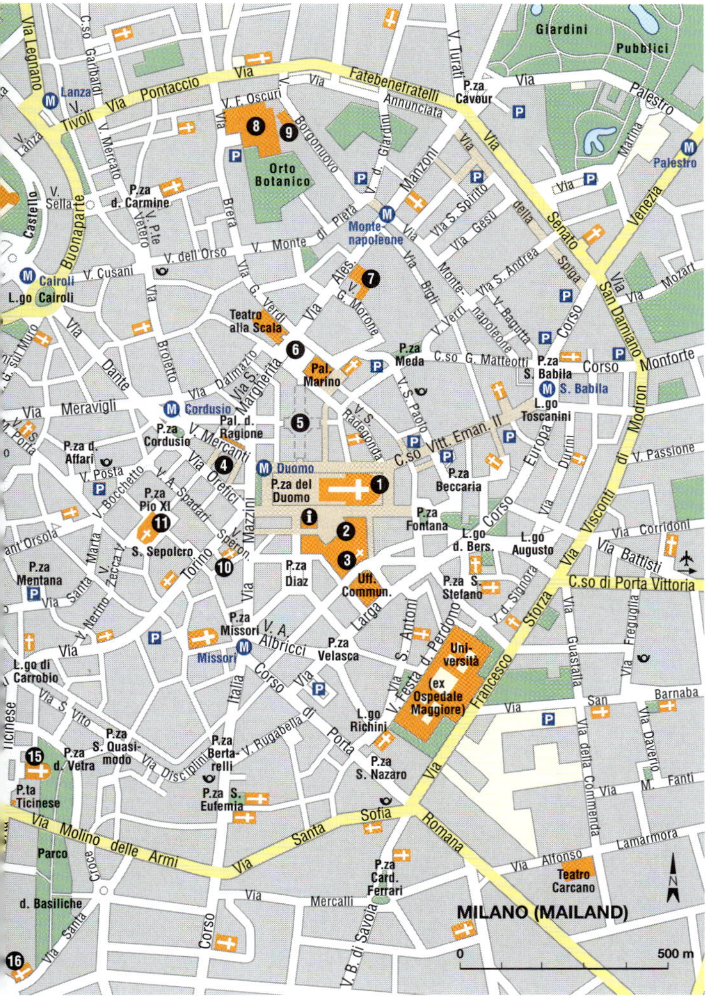

Seite 30

von der österreichischen Fremdherrschaft befreite. Die Basreliefs im Sockel erzählen vom Einzug der französisch-piemontesischen Truppen in die Residenzstadt.

Mit Blick auf den Dom speist man im exklusiven Restaurant **Gualtiero Marchesi,** das im obersten Stockwerk des Kaufhauses Rinascente liegt (Eingang in der Via San Raffaele 2, ○○○).

Palazzo Reale und San Gottardo

Im Südosten geht der Domplatz in die kleine, ruhige Piazzetta Reale über, die ihren Namen vom **Palazzo Reale** ❷ ableitet, in dem das Dommuseum die Geschichte Santa Maria Nascentes bis in alle Einzelheiten aufschlüsselt. Studien, Zeichnungen, Pläne und Modelle dokumentieren die Baugeschichte des Doms, die aufs Engste mit der Mailänder Stadtgeschichte verknüpft ist.

Tipp Die Sammlung des **Museums zeitgenössischer Kunst** (19. und 20. Jh.) im Palazzo Reale umfasst Werke der Futuristen, Arbeiten des Metaphysikers Giorgio De Chirico sowie Bilder von Amadeo Modigliani, Giorgio Morandi und Plastiken Marino Marinis (Di–So 9.30–17.30 Uhr).

Die kleine Kirche **San Gottardo** ❸ ist dem Bauensemble des Palazzo Reale im Süden eingefügt. Der elegante achteckige Campanile, als schönster Glockenturm der Stadt gerühmt, und die Apsis stammen noch aus dem Jahr 1336, als Azzone Visconti die Palastkapelle in Auftrag gab. Der Kirchenstifter ist im Innern der Kirche, linker Hand vom Hochaltar, begraben.

*Piazza dei Mercanti ❹

Der Platz der Kaufleute, der sich im Westen an den Domplatz anschließt, war Handels- und Verwaltungszentrum des mittelalterlichen Mailand. Der kleine, lauschige Platz versetzt einen in die Zeit der freien Kommune, als sich hier das städtische Leben konzentrierte. Leider schlug man Mitte des 19. Jhs. aus verkehrstechnischen Gründen mit der Via Mercanti eine Schneise in das geschlossene Platzensemble und zerstörte seine Harmonie.

In der Mitte des Marktplatzes erhebt sich der **Palazzo della Ragione,** das 1230 errichtete Rathaus. Die Bogengänge des Erdgeschosses dienten, wie in vielen lombardischen Rathäusern, als Markthalle, im Geschoss darüber kamen die Ratsherren zusammen. Gegenüber liegt die **Loggia degli Osii,** deren Fassade im toskanischen Stil mit schwarzen und weißen Marmorbändern gestaltet ist. Auf dem Balkon der Loggia wurden die Gerichtsurteile verkündet, die zuvor im **Palazzo dei Giureconsulti,** dem Gerichtspalast, gefällt worden waren. Er liegt heute auf der anderen Straßenseite und sticht vor allem mit seinen schmuckvollen Fensterverzierungen ins Auge.

*Galleria Vittorio Emanuele ❺

An der Nordseite des Domplatzes öffnet sich die gewaltige Galleria Vittorio Emanuele, das imperiale Triumphtor Mailands. Das bombastische Passagenwerk aus einer Glas- und Eisenkonstruktion entstand zwischen 1865 und 1877. Den Mailändern diente ihr *salon,* der ein wenig an den Petersdom in Rom erinnert, zum Flanieren.

Seite 30

Tipp Bei **Camparino,** an der Ecke der Galleria Vittorio Emanuele, wurde der rote Aperitif Campari erfunden. Man serviert ihn hier selbstverständlich heute noch – standesgemäß unter Mosaiken.

An der Piazza della Scala ❻

Die Galleria verbindet die Piazza del Duomo mit der Piazza della Scala. In ihrer Mitte zeigt ein Denkmal Leonardo da Vinci umgeben von seinen Schülern.

Kleider, Kostüme und Kunst bilden das Erfolgssortiment des Mailänder Stylisten **Trussardi,** der an der Piazza della Scala einen etwas ungewöhnlichen Konsumtempel unterhält.

Zwei mächtige Palazzi drängen sich auf der Piazza della Scala in den Vordergrund: der **Palazzo Marino,** das Mailänder Rathaus mit seiner manieristischen Fassade von 1888, in der die Mailänder nochmals ihre Vorliebe für kulissenhafte Bühnengestaltung zeigten, und das weltberühmte Opernhaus **Teatro alla Scala** mit seiner schlichten Fassade. Die Scala schrieb Musikgeschichte und war einst mit ihren 2000 Plätzen das größte Theater Europas. Kaiserin Maria Theresia gab es 1777 in Auftrag, nachdem das alte Mailänder Theater in Flammen aufgegangen war. Schon bald war die Scala

Die Galleria Vittorio Emanuele, Mailands Salon

Alta Moda – die Kunst der Stoffe

Immer noch wird Milano in einer Reihe mit Paris, London oder New York geführt, doch längst hat die Stadt, davon sind jedenfalls die Milanesi überzeugt, alle anderen Metropolen in Sachen Mode überflügelt. Und nach einem Bummel auf der Via Montenapoleone ist man leicht geneigt, ihnen Recht zu geben. Seit den späten 1970er Jahren, als die Couturiers wie Missoni, Krizia, Mila Schön oder Giorgio Armani sensationelle Triumphe über die Konkurrenz aus Paris feierten, ist es hier eng geworden. Denn kein Modeschöpfer kommt mittlerweile noch ohne eine Dependance – möglichst aus Granit, Marmor und schwarzem Stahl – im Goldenen Dreieck aus. Längst hat sich diese illustre Gesellschaft der Eitelkeiten auch in den borghi breit gemacht, in den kleinen Gassen rechts und links der Luxusstraße. Doch den Trend in der Mode geben nicht nur die gestylten Schaufenster der Couturiers vor, sondern vor allem die Messen und Defilees der Haute Couture und Prêt-à-porter-Mode, auf denen die Sehnsüchte nach der Kunst der Stoffe so unstillbar geweckt werden.

Seite 30

mit ihren Opern von Rossini, Donizetti und Bellini sowie mit den Stimmen von Caruso, Rubini oder Pasero in aller Munde. Einen Höhepunkt ihrer Berühmtheit erreichte sie 1839, als Verdi hier das Publikum in Begeisterungsstürme versetzte.

Die Scala, von deren Bühne im 19. Jh. auch revolutionäre Impulse ausgingen, hat sich längst im Establishment eingerichtet und lebt nicht zuletzt von ihrem legendären Ruf. Das ***Museo della Scala** zeigt Gemälde, Büsten, Requisiten und Masken sowie Bühnenausstattungen. Von hier ist auch ein Blick in den prachtvollen Zuschauerraum möglich (Di–Sa 9–12, 14–17 Uhr).

i Karten unter Tel. 0 25 42 71 oder 0 28 05 11 97. Programm im Internet unter http://lascala.milano.it

Tipp Wer immer noch im Opernfieber schwelgt, kann im **Caffè della Scala,** Via Verdi, die schönsten Arien vom Band hören.

Nördlich des Zentrums

Durch die Via Manzoni gelangt man zum ****Museo Poldi-Pezzoli** ❼ im Wohnhaus des gleichnamigen Sammlers. Die kostbar ausgestatteten Patrizierräume aus dem 19. Jh. bilden ein ideales Ambiente für die Meisterwerke von Piero della Francesca, Bellini, Tiepolo und Breughel, für feinste Silberarbeiten, alte Waffen und römische Bronzen (Di–So 10 bis 18 Uhr).

Kostbarkeiten aus heutiger Zeit findet man in der **Via Montenapoleone,** die zusammen mit ihren Seitenstraßen das berühmte Goldene Dreieck bildet, Mailands Einkaufsparadies (s. S. 33).

Hier kann man im **Baretto,** einem schummrigen Lokal (Via S. Andrea), eine Rast einlegen. ○○

In die Aura des Unvergänglichen taucht man in der ****Pinacoteca di Brera** ❽ ein, die in einem Jesuitenkolleg aus dem 17. Jh. untergebracht ist. Die Gemäldesammlung ist eine der hochkarätigsten Kollektionen Italiens mit mehr als 2000 Werken, vor allem italienischer Malschulen des 14. bis 20. Jhs. (Di–So 9–17.45 Uhr; einen deutschen Kurzführer erhält man für 12 Euro im Museumsladen).

Gleich um die Ecke dokumentiert das **Museo del Risorgimento** ❾ die italienische Einigungsbewegung (Di–So 9 bis 13, 14–18 Uhr).

Südwestlich des Doms

Die kleine Kirche **San Satiro** ❿ an der lauten Via Torino stellt ein besonders schönes Beispiel der Frührenaissance dar. Die Freude über die Zentralperspektivenfindung drückt sich im Innern der von Bramante 1478 errichteten Kirche aus, wo der Baumeister die Tiefe der Apsis mit kunstvoller Stuckornamentik perspektivisch vortäuscht.

Über Via Speronari und Via Spadari gelangt man zur ****Pinacoteca Ambrosiana** ⓫. Neben einer bedeutenden Gemäldesammlung mit Werken von Raffael, Leonardo da Vinci, Caravaggio und Tizian beherbergt der Palast aus dem 17. Jh. eine berühmte Bibliothek mit über 750 000 Büchern, darunter Manuskripte von Vergil und Leonardo sowie eine gotische Bibel (Di–Fr 10 bis 17.30 Uhr, Aug. geschl.).

Tipp In der **Via Spadari** und in der **Via Speronari** kommen Feinschmecker in den Feinkostgeschäften, Konditoreien, Käseläden und Weinhandlungen auf ihren Genuss.

**Castello Sforzesco ⑫

Über die Via Orefici und die Via Dante erreicht man die mächtige, von Zinnen bekrönte Trutzburg der Sforza, in der sich die Herzöge vor dem immer unruhiger werdenden Volk schützen wollten. Leonardo da Vinci und Bramante schufen die Dekorationen des 1450 an der Stelle einer alten Visconti-Burg errichteten Kastells, das sich mit seiner imposanten Größe und Mächtigkeit heute wie ein Fremdkörper in der eng bebauten Umgebung ausnimmt.

Die Burg beherbergt mehrere Museen: die prähistorische und die ägyptische Sammlung, das Museum der Burg, in dem sich Michelangelos letztes Werk, die ***Pietà Rondanini,** befindet, sowie die Sammlung Bertarelli mit Stichen, Drucken und Aquarellen.

Seite 30

Der **Schlosspark** ist im Sommer beliebter Treffpunkt der Mailänder. Die **Arena** und der **Palazzo d'Arte** geben ihm seinen letzten romantischen Schliff. Außerdem tummeln sich die exotischsten Fische im ***Aquario** der Schlossanlagen, das zu den größten Europas zählt.

Von **Santa Maria delle Grazie zu Sant'Eustorgio

**Santa Maria delle Grazie ⑬

Über die Via Giosuè Carducci sowie den Corso Magenta erreicht man das Gotteshaus, zu dessen Komplex eines der berühmtesten Kunstwerke des

Im Glanze Ludovico Sforzas

»Der Papst ist mein Hauskaplan, Venedig mein Schatzmeister, der König von Frankreich mein Kurier«, hatte einmal Ludovico Sforza, eine der schillerndsten Herrscherpersönlichkeiten der Renaissance, in vollem Bewusstsein seiner Machtfülle geprahlt. Unter der Herrschaft des Fürsten entwickelte sich Mailand zu einer der bedeutendsten und reichsten Städte Italiens mit weit reichender Anziehungskraft. Die besten Künstler der Zeit kamen an den Mailänder Hof, darunter Bramante und Leonardo da Vinci sowie Franchino Gaffurio, ein bekannter Musiktheoretiker und Komponist seiner Zeit.

Mailand war auf der Höhe seiner Zeit, denn Ludovico Sforza hatte Großes im Sinne, zum Ruhme der Stadt und seines Geschlechts. Gebildet, kunstbeflissen, prunkliebend, verwandelte er Mailand – immer mit einem Auge auf die Prachtentfaltung am Hofe der Gonzaga von Mantua blickend – in eine Stadt der Musen.

1482 hatte Il Moro Leonardo da Vinci aus Florenz an seinen Hof geholt. Der Künstler schmückte in Mailand jedoch nicht nur Kirchen aus, sondern kümmerte sich auch um technische Neuerungen. Von dem ausgetüftelten Kanalsystem, das Leonardo für die landwirtschaftliche Nutzung hatte anlegen lassen, profitieren die Bauern in der lombardischen Ebene noch heute.

Seite 30

Santa Maria delle Grazie: »Abendmahl« von Leonardo da Vinci

Abendlandes, das ***Abendmahl** von Leonardo da Vinci, gehört. Die Kirche am viel befahrenen Corso Magenta wurde 1466 von Guiniforte Solari, einem der bedeutendsten Baumeister der damaligen Zeit, gotisch begonnen und von Bramante in den Bauformen der Renaissance 1492 vollendet. Ludovico il Moro, der Auftraggeber, wollte Santa Maria delle Grazie als Grablege für sein Geschlecht.

Es ist ein Wunder, dass die Kirche noch steht, denn 1943 fiel eine Bombe ins benachbarte Kloster und zerstörte es bis auf die Grundfesten. Allein die Wand mit Leonardos »Abendmahl«, durch Sandsäcke geschützt, hielt stand. Von 1495 bis 1497 hatte der Künstler an dem Wandfresko gearbeitet, das nach umfangreicher Restauration in neuem Glanz erstrahlt (nur nach telefonischer Anmeldung, Tel. 02 199 19 91 00, aus dem Ausland: 00 39 02 89 42 11 46).

Tipp Wer sich für die Techniken und das enzyklopädische Wissen Leonardo da Vincis interessiert, sollte das **Museo Nazionale della Scienza e della Tecnica** besuchen, das seine Modelle und Entwürfe vorstellt. (Via San Vittore 15, Tel. 02 48 55 51, Di–Fr 9.30–17 Uhr, Sa, So bis 18 Uhr.)

**Basilica Sant'Ambrogio ⑭

Die klare Formensprache der Kirche verleiht dem Komplex etwas von ehr-

Langobardisches Kapitell in der Kirche Sant 'Ambrogio

furchtsvoller Weihe. Ältester Bauteil ist der rechte, etwas massig wirkende Campanile (9. Jh.). Eine elegante Vorhalle mit Arkadengang führt in den schummrigen Innenraum, wo schon von weitem das berühmte Wunderwerk der Goldschmiedekunst leuchtet: ein **Altaraufsatz** aus dem 9. Jh., mit Reliefs, Edelsteinen und byzantinischer Emaille gestaltet. Hier wurden die lombardischen Könige mit der berühmten Eisernen Krone gekrönt. Eine der ältesten Kirchen Italiens, **San Vittore in Ciel d'Oro** (4. Jh.), ist der Basilika eingegliedert (Zugang über eine Seitenkapelle).

**San Lorenzo Maggiore ⑮

Durch die Via San Pio V und über die Piazza Resistenza Partigiana erreicht man den Corso di Porta Ticinese, an dem sich zahlreiche Läden mit Schmuck und Avantgardekleidung niedergelassen haben. 16 römische Säulen, Reste eines Tempels, kündigen die Basilica an, in der neben der Taufkapelle auch Fresken und Fragmente von Wandmosaiken aus dem 4. Jh. erhalten sind.

*Sant'Eustorgio ⑯

Ebenfalls eine Gründung des 4. Jhs., stammt der heutige lombardische Bau von 1252, als der Mailänder Adel die

Seite 30

Kirche als Grablege auserkoren hatte. Der Corso di Porta Ticinese führt zu den Mailänder Docklands, den *naviglie,* die besonders nachts mit ihren Restaurants, Cafés, Bars und Clubs zum Leben erwachen.

APT, Via Marconi 1, Tel. 02 72 52 43 00, Fax 02 72 52 43 50. Informationsbüros auch am Bahnhof und am Flughafen.

Flughafen: F. Forlanini-Linate (10 km), Malpensa (46 km); Buszubringer zur Stazione Centrale.
Verkehrsmittel: Wichtigstes öffentliches Verkehrsmittel ist die **Metropolitana** (U-Bahn). Will man die Stadt sehen, sollte man den Bus oder die Straßenbahn nehmen. Das Zentrum ist weitgehend für den privaten Verkehr gesperrt.

Principe di Savoia, Piazza della Repubblica 17, Tel. 0 26 23 01, Fax 0 26 59 58 38, www.principedi savoia.com. Traditionelles Grandhotel. ❍❍❍

▮ **Park Hyatt Milan,** Via Tommaso Grossi 1, Tel. 02 88 21 12 34, Fax 02 86 98 46 96, www.hyatt.com. Stilvoller Luxus in unschlagbarer Lage: wenige Schritte vom Domplatz, direkt an einem Ausgang von La Galleria. ❍❍❍

▮ **Four Seasons,** Via Gesù 8, Tel. 0 27 70 88, Fax 02 77 08 50 00, www.fourseasons.com/milan. Eleganz im Kloster des 15. Jhs. ❍❍❍

▮ **Manzoni,** Via Santo Spirito 20, Tel. 02 76 00 57 00, Fax 02 78 42 12. Gemütliches Hotel mit eigener Garage. ❍❍

▮ **Antica Locanda Solferino,** Via Castelfidardo 2, Tel. 0 26 57 01 29, Fax 0 26 59 27 06, www.anticalocanda solferino.it. Kleines, im Brera-Viertel gelegenes Hotel mit viel Charme. ❍❍

▮ **Gran Duca di York,** Via Moneta 1a, Tel. 02 87 48 63, Fax 0 28 69 03 44. Früheres Gästehaus der Biblioteca Ambrosiana mit viel Stil und Atmosphäre. ❍❍

▮ **Zurigo,** Corso Italia 11, Tel. 02 72 02 22 60, Fax 02 72 00 00 13, www.brerahotels.com. Einfaches Hotel in Domnähe. ❍

Don Lisander, Via Manzoni 12 a, Tel. 02 76 02 01 30. Eine der beliebtesten Feinschmeckeradressen in der Innenstadt. Unbedingt das Sorbet von grünen Äpfeln probieren. ❍❍❍

▮ **Al Matarel,** Via Solera Mantegazza 2, Tel. 02 65 42 04. Typische Mailänder Spitzenküche. Tipp: *cassoeula,* Mailands Nationalgericht, versuchen. ❍❍❍

▮ **Al Pont de Ferr,** Ripa Porta Ticinese 55, Tel. 02 89 40 62 77. Feinste Küche bietet diese sympathische Trattoria. ❍❍

Zentrum der käuflichen Eitelkeiten ist das *Goldene Dreieck* mit der berühmten Einkaufsmeile **Via Montenapoleone.** Hier findet man Luxus pur: hochkarätige Juweliere und Antiquitäten, Möbel, Glas, elegantes Schreibzeug und immer wieder die neueste Mode der Mailänder Top-Couturiers wie Missoni, Krizia, Armani oder Mila Schön.

▮ Gemüse, Schuhe, Haushaltswaren, Kleider oder Honig bietet der Dienstags- und Samstagsmarkt am **Viale Papignano.**

Mia Divina, Via Molino delle Armi 22, Tel. 02 58 43 18 23. Angesagte Disco mit Livemusik.

▮ **Capolinea,** Via Ludovico il Moro 119. Jeder große Jazzmusiker muss einmal in Mailands bestem Club spielen.

Seite 41

**Turin

Stadt unter Arkaden

Die Urteile über Turin (Torino) fallen nicht immer lobend aus. »Eine schöne Stadt, gerade, quadratisch, langweilig«, befand Gustave Flaubert. Wer heute nach Turin kommt, wird immer noch eine Stadt vorfinden, deren Charakteristik ein homogenes Häusergefüge ist. Man mag das auf den ersten Blick langweilig finden, doch wenn man die Sinne schärft, dann entwickelt dieser urbane Gleichklang eine Rhythmik von ganz eigener Intensität. »Ein wahrer Glücksfall für mich, dies Turin. Nein, was für ernste Plätze, die schönsten Cafés, die ich je sah«, schwärmte Nietzsche. Vielleicht dauert es nur seine Zeit, bis sich der ganze Zauber dieser Stadt, über den sie verfügt, dem Blick des Betrachters entfaltet. Planung und Poesie – sonst unvereinbar – gehen in Turin eine interessante Mischung ein.

Geschichte

Taurasia nannten die Kelten ihre Siedlung am Zusammenfluss von Po und Dora Riparia. Die Römer bauten die Siedlung zum *castrum* aus und legten ein rechtwinkliges Straßennetz an, das sich im Wesentlichen bis heute erhalten hat. Nach dem Untergang des Römischen Reiches begann für die Stadt eine wechselvolle Geschichte: Zunächst wurde Turin dem Gotenreich eingegliedert, dann proklamierte es sich als langobardisches Herzogtum, später als fränkische Grafschaft und selbständige Bischofsstadt, und schließlich wurde es freie Kommune. Erst unter der Herrschaft der Savoyer, als Turin Hauptstadt eines Herzogtums war, erlebte es eine kulturelle und wirtschaftliche Blüte. Aus einem vom Krieg ruinierten Landstädtchen wurde binnen kurzem eine herrschaftliche Residenz, die den Machtanspruch der französischen Savoyer auf die italienische Seite der Westalpen ebenso demonstrieren sollte wie deren Reichtum und Würde.

Carlo Emanuele I berief zu Beginn des 17. Jhs. die besten Architekten der Zeit und gab eine neue Stadt in Auftrag, der die mittelalterliche weichen musste. Sein Nachfolger Carlo Emanuele II trieb den Ausbau der Residenz im Stil des Barock voran und ließ Lust- und Jagdschlösser um die Stadt legen. Als das Herzogtum Savoyen nach dem Sieg über die Franzosen im Spanischen Erbfolgekrieg 1706 Königreich wurde, war Turin eine repräsentative Hauptstadt dafür; 1860 nahm es den Titel »Hauptstadt des Königreiches Italien« an.

Heute fühlt sich die Stadt als Opfer der Geschichte. Die Residenz Turin war der Motor des *risorgimento,* in Turin feierte der Stummfilm seine ersten Erfolge, hier entstand die Nachkriegsliteratur, und die Mode hatte hier ihr Zentrum. Doch vom Glanz dieser Entwicklungen ist nur wenig auf Turin gefallen, allein der Automobilkonzern Fiat ist allseits bekannt. Der größte Industriekonzern Italiens hat jedoch in den 1980er Jahren kulturelle Aktivitäten entwickelt, die Turin auch auf diesem Gebiet erneut zu einer gewissen Bedeutung verhalfen. Bleibt nur zu hoffen, dass der Konzern auch die derzeitige Wirtschaftskrise überlebt, Italiens schwerste nach dem Zweiten Weltkrieg.

Mole Antonelliana – das Wahrzeichen Turins

Seite 41

In den Glassscheiben des Café Blue spiegelt sich der Palazzo Madama

An der Piazza Castello

Alle Wege in Turin führen zur **Piazza Castello.** Von hier, vom Schloss der Herrscher Savoyens, ging das Rastersystem einer idealen Stadt aus. Schnurgerade, rechtwinkelig angelegte Straßenzüge öffnen sich immer wieder zu größeren und kleineren, von Arkaden gesäumten Plätzen.

**Palazzo Madama ❶

Den urbanen Takt gibt die Piazza Castello vor, in deren Mitte jener Palast thront, der in seiner Baugeschichte gleich mehrere Jahrhunderte vereint.

Zunächst gab es ein römisches Stadttor: die **Porta Decumana**. Im 13. Jh. zur Festung erweitert, erhielt sie im 14. und 15. Jh. weitere Anbauten. 1718 gestaltete Filippo Juvarra die monumentale Säulenfassade mit einer ausladenden Freitreppe. Im Innern schuf Juvarra eines der schönsten Treppenhäuser Italiens, das vor allem durch seine lichte Weite besticht und den Auftakt zu den Paradesälen der ersten und zweiten königlichen Madama, Maria Christina von Frankreich und Jeanne Baptiste von Savoyen-Nemours, bildete.

Heute ist im Palazzo das ***Städtische Museum für Alte Kunst** untergebracht, das gotischen und romanischen Skulpturenschmuck, Kostbarkeiten aus allen Epochen sowie eine Keramik- und Porzellankollektion zeigt, die zu den größten Europas zählt (Di–So 9–19 Uhr).

*San Lorenzo ❷

Die Kirche fügt sich fast unauffällig in die gleichförmige Palastfolge ein. 1676 wurde Guarini mit dem Bau einer Kirche an der Piazza Castello beauftragt. Der Maestro kunstvoll bewegter Räume schuf mit San Lorenzo eines seiner grandiosen sakralen Bauwerke, deren virtuose Durchdringung aller geometrischen Formen viel Nachahmung fand.

Im traditionsreichen **Caffè Baratti & Milan** an der Piazza Castello muss man sich zwischen der Torta Baratti aus Schokolade und einem Glas Bicerin entscheiden, einer Mischung aus Schokolade und Kaffee unter einer Sahnehaube (s. S. 8).

Kurze Rast in der Via Roma, einer berühmten Shoppingmeile

❶ Palazzo Madama
❷ S. Lorenzo
❸ Palazzo Reale
❹ Palazzo Chiablese
❺ Porta Palatina
❻ S. Maria Consolatrice
❼ Museo Egizio
❽ Palazzo Carignano
❾ Mole Antonelliana
❿ Gran Madre di Dio
⓫ Monte dei Cappuccini
⓬ Castello del Valentino
⓭ Automobilmuseum

Seite 41

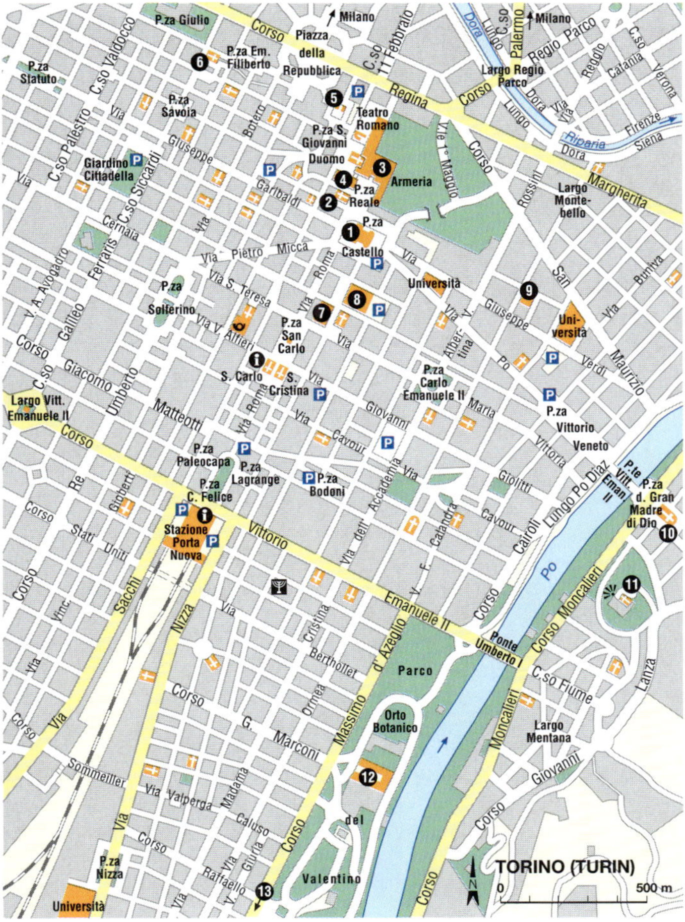

Seite 41

An der Piazza Reale

***Palazzo Reale ❸**
Castor und Pollux, die Söhne des Zeus, bewachen den Übergang von der Piazza Castello zur Piazza Reale, der optisch durch ein Ziergitter betont wird. Über den Ehrenhof gelangt man zur kompakten Vierflügelanlage, die den Savoyern als Residenz diente, und weiter durch einen Hof in das Innere des Schlosses, das alle äußere Zurückhaltung mit einer unerwarteten Prunkentfaltung wettmacht. Die vollständig erhaltenen Prachträume verraten noch etwas von dem überschwänglichen Lebensgenuss des Barock und Rokoko mit all seinem Gold, den Spiegelgalerien, Stukkaturen, Gemälden und feinsten Holzarbeiten. Im östlichen der beiden niedrigen Flügel des Ehrenhofes ist seit 1837 die ***Armeria,** die Waffensammlung der Savoyer, untergebracht, die zu einem bedeutenden Museum umgewandelt wurde. Üppige Deckenfresken und prachtvolle Stukkaturen wetteifern hier mit kunstvoll geschmiedeten Prunkwaffen und Schwertern des Mittelalters und der Renaissance (Di, Do 13.30–19 Uhr, Mi, Fr, Sa 9–14 Uhr).

Wer sich für die Geschichte des italienischen Films interessiert, kommt in dem kleinen Filmmuseum im **Palazzo Chiablese ❹**, der mit dem Palazzo Reale verbunden ist, auf seine Kosten (Di–So 9–19 Uhr).

Einst lustwandelten die Schlossherren in einem geometrisch angelegten Barockgarten hinter dem Palast. Leider ist davon nur wenig erhalten, so eine Brunnenfontäne, deren Wasser Nereiden und Tritonen umspielt. In die Palmenhäuser des Gartens ist das **Museum des Altertums** eingezogen, das Funde aus der Vorgeschichte bis zur Zeit der Völkerwanderung zeigt.

***San Giovanni Battista**
An der Rückseite des Königsschlosses wurde Ende des 15. Jhs. der Dom von Turin errichtet. Die Fassade ist mit ihrer klaren Formensprache gliedernder Pilaster ein typisches Beispiel italienischer Renaissancearchitektur – das einzige in Turin.

1668 fügte Guarini, ein Genie der Barockarchitektur, die ****Cappella della Santa Sindone** an, deren bizarre, pagodenähnliche Kuppelsilhouette die Kathedrale beherrscht. Die kompliziert verschränkte, elegant verschliffene und fast transparent wirkende Gewölbekonstruktion war für ganz Europa beispielgebend. In dem gruftartigen, ganz mit schwarzem Marmor verkleideten Innenraum der Kapelle, in die nur ein fahles Licht durch den Wölbungsstern der Kuppel fällt, wird die berühmte Reliquie des Leichentuches Christi aufbewahrt, mit dem dieser angeblich vor der Grablegung bedeckt wurde. Physiker ermittelten jedoch, dass das Tuch frühestens 1260 gewebt worden sein kann. Guarino Guarini, der sowohl Theologe als auch Mathematiker war, schuf mit der Kapelle eines der bedeutendsten barocken Bauwerke (Mi bis Mo 9–12, 15–19 Uhr).

Porta Palatina und Santa Maria Consolatrice

Auftakt zu den Zeugnissen des Kulturerbes, das die Römer Turin hinterließen, ist die imposante ***Porta Palatina ❺**, ein römisches Stadttor mit hohen Flankentürmen, Teil der unter Augustus errichteten Stadtmauer. Weiter erstreckt sich hier die Archäologische Zone Turins, in der auch die Ruinen eines Amphitheaters *(Teatro Romano)* aus dem 1. Jh. freigelegt wurden.

Seite 41

Wenn schon nichts Römisches, so doch viel alten Plunder, darunter aber auch manche Kostbarkeit, findet man auf dem **Flohmarkt Balón,** der jeden Samstag seine Stände um die Porta Palazzo bei der Piazza della Repubblica ausbreitet. Wer fündig werden will, sollte sich jedoch schon früh aufmachen, bevor die Käufermassen herbeiströmen.

Folgt man der Via Giulio in Richtung Westen, gelangt man zu einem weiteren Kirchenbau Guarino Guarinis, der Basilika **Santa Maria Consolatrice ❻**, deren eher ausdruckslose klassizistische Fassade zwei Kirchen miteinander vereint. Weithin sichtbar ist der wuchtige Campanile in lombardischem Stil, der noch aus dem Mittelalter erhalten ist. Im Innern erkennt man in der effektvollen Raumgestaltung die Handschrift Guarinis. Die Kirche wurde erweitert, nachdem immer mehr Pilger aus aller Welt hierher kamen, um das Marienbild über dem Hauptaltar, das als wundertätig gilt, zu verehren.

Im **Al Bicerin,** einem schönen Café (Piazza Consolata 5), hat sich die Atmosphäre des alten Turin noch bewahrt. Probieren Sie hier die gleichnamige Turiner Spezialität (siehe auch Special, S. 8/9).

Via Roma und Piazza San Carlo

Von der Piazza Castello führt Turins Hauptverkehrsader, die Via Roma, nach Süden bis zum Bahnhof Porta Nuova. Elegante Geschäfte säumen die Straße aus der Gründerzeit, in dem auch im *fascismo* einige übergewichtige Gebäudemassen in Granit errichtet wurden.

Prächtige Arkaden säumen die Piazza San Carlo

*Piazza San Carlo

Über die Piazza Carlo Felice, einen von Palästen des 19. Jhs. gesäumten Platz, gelangt man zum Platz der auch *salotto,* die gute Stube Turins, genannt wird. Die Piazza gibt sich elegant mit umlaufenden Kolonnaden und einer einheitlichen ockerfarbenen Palastfront, in die zwei Kirchen mit einbezogen sind.

Zahlreiche Cafés, darunter das **San Carlo,** das seit 1840 feinste Köstlichkeiten zum Kaffee oder Aperitif serviert, laden zum Verweilen ein.

**Museo Egizio ❼

Der von Guarini errichteten Palazzo dell'Academia delle Scienze an der Nordostseite der Piazza birgt die nach Kairo größte Sammlung ägyptischer Altertümer. Mumien, Sarkophage, Skulpturen, Statuen, Arbeitsgerät und Schmuckstücke dokumentieren eine der bedeutendsten Weltkulturen. (Di–Fr 9–21 Uhr, im Winter bis 19 Uhr, Sa, So 9–20 Uhr, im Winter bis 14 Uhr.)

Ebenfalls im Palazzo delle Scienze liegt die ***Galleria Sabauda,** deren Sammlung Malerei und Plastiken von der Gotik bis ins 18. Jh. umfasst. Wie reich die Turiner Adeligen waren, zeigt die Sammlung Gualino, die Möbel, by-

Seite 41

zantinische Elfenbeinarbeiten, römische Plastiken sowie Goldpreziosen umfasst (Di, Mi 9–14, Do 10–19, Fr 9–14 Ihr).

***Palazzo Carignano ❽**

Nicht weit ist es über die Via Maria Vittoria zum roten Ziegelpalast, den Guarini zwischen 1679 und 1685 für den Fürsten Carignano schuf. Hinter der barocken Fassade wurden die Könige Carlo Alberto und Vittorio Emanuele II geboren; im Obergeschoss tagte 1860 das erste italienische Parlament. Heute dokumentiert hier das **Museo Nazionale del Risorgimento Italiano** die Einigungsbewegung Italiens (Di–Sa 9–19, So 9–13 Uhr).

Von der Mole Antonelliana zum Monte dei Cappuccini

Über die Piazza Carlo Emanuele II und die Via Rossini gelangt man zum Wahrzeichen Turins, der ****Mole Anto-**

Lingotto – Ikone des Industriezeitalters

Der Turiner Arbeiter, hieß es Ende des 19. Jhs., sei »intelligent, fleißig, seit langem an Ordnung und Disziplin gewöhnt«. Das bewog Giovanni Agnelli, den Großvater des heutigen, gleichnamigen Konzernherrn, 1899 seine *Fabbrica Italiana Automobili Torino* in der Stadt am Po anzusiedeln. 1916–1922 wurde das Werk gebaut, der so genannte *Lingotto* oder *Barren,* der weltweit als Prototyp einer Fabrik, als ein Symbol für die Ästhetik der Geschwindigkeit galt. »500 Meter Fassade, wo auf fünf Geschossen sich die Fenster multiplizieren wie in einem Gitter, kaum zu zählen«, begeisterte sich Le Corbusier über den Lingotto, der ihm »wie ein Kriegsschiff« erschien, mit »Brücken, Schornsteinen, Höfen, Landungsstegen, Überführungen«. Die Protagonisten dieses »äußerst eindrucksvollen Spektakels« waren 30 000 Arbeiter, die tagtäglich in den Lingotto strömten, um Autos zu bauen. Von der Materialanlieferung bis zur Teststrecke auf dem Dach – der Lingotto vereinte alle Verwaltungs- und Produktionsabläufe wie auch die Qualitätskontrolle, in denen die Menschen lediglich als Teile dieses immensen industriellen Räderwerks angesehen wurden. Kein Wunder, dass der Lingotto eine Hochburg der Kommunistischen Partei in Italien war.

Doch auch die Gewerkschaften konnten nicht verhindern, dass die Fabrikanlage 1979 geschlossen wurde. Längst entsprach sie nicht mehr den technischen Anforderungen der neuen Zeit.

Nun ist der Architekt Renzo Piano mit der Aufgabe betraut worden, die Industrie-Ikone zu einem Kulturzentrum umzubauen. Ausstellungen, Kongresse und Konzerte sollen hier stattfinden, einen Teil des Lingotto wird die Universität nutzen, nur für die Teststrecke hat man noch keine passende Lösung gefunden. Doch wird es sich wohl überhaupt erst zeigen müssen, wie sich der Lingotto oder das »Kriegsschiff«, als das Le Corbusier ihn empfand, im urbanen Kontext Turins verankern lässt.

Seite 41

nelliana ❾, die schon von weitem silbergrau schimmert. Während der zweiten Hälfte des 19. Jhs. vom Architekten Antonelli (daher der Name) als Synagoge begonnen, wurde sie zu einem fast 170 m aufragenden Turm erweitert. Hier zeigt der Historismus seine Formenvielfalt: Bogen, Dreiecks- und Segmentgiebel sowie Säulen mit den verschiedensten Kapitellen gehen eine furiose Mischung ein.

Tipp Wer einen Blick über Turin und seine Umgebung werfen möchte, fährt mit dem Aufzug zum **Aussichtsumgang.** Die Leuchtziffern im Turm sind ein Werk des Turiner Künstlers Mario Merz, der für seine Iglu-Bauten bekannt ist. (Di–So 9–19 Uhr.)

Die Via Po führt zur ***Piazza Vittorio Veneto** am Po, einer grandiosen Anlage, die ab 1825 mit Bogengängen angelegt wurde und den Blick auf den Po und die Hügel des Monferrato lenkt.

Am anderen Ufer beschließt der große Kuppelbau von **Gran Madre di Dio** ❿ das Stadtpanorama Turins. Die Kirche aus dem Jahre 1831 ist eine Kopie des römischen Pantheons und dient als Gedenkstätte für die Gefallenen des Ersten Weltkrieges.

Bergauf führt die Straße nun auf den ***Monte dei Cappuccini** ⓫, auf dem ein Kapuzinerkloster sowie die manieristisch angehauchte Kirche Santa Maria al Monte liegen.

Castello del Valentino und Automobilmuseum

Am Ufer des Po lädt der Parco del Valentino zu Spaziergängen ein. Hier bezog Maria Christina von Frankreich im ***Castello del Valentino** ⓬, einem prachtvollen Renaissanceschloss, ihren Wohnsitz. Zum Valentino-Park

Typische Bar in der Via Po

gehört auch der Borgo Medioevale, die Kopie einer spätmittelalterlichen piemontesischen Kleinstadt, 1884 angelegt.

Wer auch der Automobilstadt Turin seine Reverenz erweisen will, kann in rund 15 Minuten weiter zum Corso Unità d'Italia gehen, wo das **Automobilmuseum »Carlo Biscaretti di Ruffia«** ⓭ mit seinen Oldtimern und sonstigen Raritäten aufwartet (Di–So 10 bis 18.30 Uhr).

APT, Piazza Castelo 161, Tel. 0 11 53 51 81, 0 11 53 59 01, www.turismotorino.org. Informationsbüros auch am Bahnhof Porta Nuova, Tel. 0 11 53 13 27.

Flughafen: Città di Torino Caselle (18 km); Buszubringer zur Stazione Porta Nova.

Villa Sassi, Via Traforo del Pino, Tel. 01 18 98 05 56, Fax 01 18 98 00 95, www.villasassi. com. Villa des 17. Jhs. mit schönem Park. Absolute Luxusklasse. ○○○

Seite 41

▮ **Turin Palace Hotel,** Via Sacchi 8, Tel. 01 15 62 55 11, Fax 01 15 61 21 87, www.turinpalacehotel.activehotels.com. Schönes Ambiente und hervorragender Service. Praktisch auch die Nähe des Bahnhofs Porta Nuova. ○○○

▮ **Crimea,** Via Mentana 3, Tel. 01 16 60 47 00, Fax 01 16 60 49 12, www.hotelcrimea.it. Gutes Mittelklassehotel, das reichlich Komfort bietet. ○○

▮ **Giotto,** Via Giotto 27, Tel. 01 16 63 71 72, Fax 01 16 63 71 73. Bequeme Lage und familiärer Service. ○

Tromlin, Cavoretto, Via Parrocchia 7, Tel. 01 16 61 30 50. Den Koch hat die kulinarische Muse des Piemont geküsst. ○○○

▮ **Fortin,** Via Dam. Chiesa 8, Tel. 01 12 73 16 72. Auf der Speisekarte sthen typische Fischspezialitäten. ○○○

▮ **O Saraceno,** Corso XI Febbraio 6. Feinste Pizza. ○○

▮ **L'Osto del borgh vej,** Via Torquato Tasso 7, Tel. 01 14 36 48 43. Nettes Ambiente, vorzügliche Speisen. ○○

▮ **Tre Galli,** Via Sant'Agostino 25 b, Tel. 01 14 31 91 98. Gute und preiswerte Küche. Das junge Publikum kommt aber auch, um zu sehen und gesehen zu werden – bis lange in die Nacht. ○

Hennessy, Strada Traforo Pino 23, Pino Torinese, Tel. 01 18 99 85 22. Discoclub in den Hügeln vor Turin; im Sommer beliebt, da man im Freien tanzt.

▮ **Big Club,** Corso Brescia 28, Tel. 01 12 48 56 56. Bestbesuchte Disco der Turiner im Zentrum.

Elegante und luxuriöse Geschäfte findet man in der **Via Roma,** der **Via Po** und der **Via Garibaldi.**

▮ **Stratta** (Piazza S. Carlo 191) lockt mit süßen Gebäckverführungen.

▮ Die beste Weinhandung findet man am Corso De Gaspari 2, **La Petite Cave;** seltene Weine und Barolo in der Via Cibrario 38 bei **Il Vinaio.**

Ausflüge

Für Ausflüge rund um Turin sollte man etwa einen halben Tag einplanen. Nächstgelegenes Ziel ist die **Basilica della Natività di Maria,** genannt *Superga,* die sich in den Colline del Po im Südosten der Stadt weithin sichtbar erhebt. Man kann sie mit einer Zahnradbahn vom Vorort Sassi aus erreichen oder mit dem Auto. Filippo Juvarra bekam 1717 den Auftrag für den repräsentativen Bau, der zum Zeichen des Sieges über die Franzosen so effektvoll in die Hügellandschaft gefügt wurde.

Juvarra errichtete auch das ***Jagdschlösschen von Stupinigi,** eine von vielen Sommerresidenzen, die die Savoyer wie einen Kranz um die Stadt anlegen ließen. Die fürstliche Barockanlage, 25 km südwestlich der Stadt, ist ein kuppelbekrönter Zentralbau, der zu zwei langen Flügeln mit Kavaliershäusern ausläuft, wohl eine der schönsten Barockschöpfungen, 1731 im Auftrag von Vittorio Amadeo II erbaut. Das Schloss wird restauriert und soll für Kulturveranstaltungen genutzt werden.

In dem verschlafenen Städtchen **Rivoli** präsentiert sich die Kunstszene. Im nicht ganz vollendeten Schloss ist ein Museum für zeitgenössische Kunst eingerichtet, das in seiner klaren Schlichtheit zu den schönsten in Italien zählt (wechselnde Ausstellungen; Di–Fr 10–17, Sa, So bis 19 Uhr).

Witzig gestaltete Lavazza-Filiale

LAVAZZA
BLUE
BEST LAVAZZA ULTIMATE ESPRESSO

1

Seite 49

Tour 1

Kultur- und Naturbellezza

Mailand → Monza → Cesano Maderno → Cantù → **Como → Varese → *Castiglione Olona → *Castelseprio (100 km)

Die Tour führt in das Hügel-, Berg- und Seengebiet im Norden der Lombardei, von dem Stendhal überschwänglich schwärmte: »Alles hier ist edel und ergreifend, alles spricht von Liebe.« Die Naturlandschaften rund um das oberitalienische Seengebiet haben Generationen von Dichtern zu Elogen angeregt. Die hohen Kämme der Berge und grün bewaldeten Hügel, in die sich Villen mit subtropischen Parks einbetten, spiegeln sich selbstherrlich im Wasser der Seen. In diese Meisterwerke der Natur musste der Mensch nur die seinen einfügen – die frühromanischen Sakralbauten in der Brianza oder den prunkvollen Barockpalast der Borromeo-Arese in Cesano Maderno, den Dom in Como oder jenen in der ehemaligen Herzogstadt der Langobarden, in Monza. Zeitgenössische Kunst von Weltrang hingegen zeigt die Villa Panza in Varese. Wer die Fahrt genießen möchte, sollte mindestens zwei Tage einplanen.

Monza ❶

Die Mailand umgebenden Industriestädte werden immer mehr von der Metropole einverleibt – so auch Monza. Den Stadtkern bilden noch die

Die prachtvolle Marmorfassade des Doms zu Monza

Piazza Duomo und Piazza Roma – wie im 6. Jh., als hier die Langobarden residierten.

San Giovanni Battista

Hinter der prachtvollen, grün-weiß inkrustierten ****Marmorfassade** des Doms (14. Jh.) wird die berühmte Eiserne Krone der Langobarden in einem Tabernakel aufbewahrt, mit der sich Karl der Große, Friedrich Barbarossa und auch Karl V. sowie Napoleon zu Königen von Italien krönen ließen. Die Krone, ein angeblich aus einem Nagel des Christuskreuzes geschmiedeter Reif, ist vergoldet und mit Edelsteinen verziert.

Weitere Schätze der Langobarden zeigt das **Museo Serpero** im Dom, dessen Sammlung vor allem Pretiosen aus dem 5. bis 9. Jh. umfasst.

Piazza Roma

Am kommunalen Zentrum Monzas entstand Ende des 13. Jhs. der *Arengario,* der Palazzo del Comune, dem man die mächtige Torre del Comune zur Seite stellte. Heute ist hier das **Ar-**

chäologische Museum von Monza mit zahlreichen Funden aus der Vorgeschichte eingerichtet (Di–So 10–18 Uhr).

Villa Reale
Auch die österreichischen Statthalter zog es in die Waldgebiete vor den Toren Mailands. Dort ließ sich Erzherzog Ferdinand von Österreich 1777 bis 1780 von Giuseppe Piermarini den streng klassizistischen Bau errichten, umgeben von weiten Gärten. Im Zuge der Erweiterung zu einem englischen Landschaftsgarten Anfang des 19. Jhs. entstand eine der großartigsten Parkanlagen Europas mit über 800 ha Grünfläche. 1922 wurde hier das **Autodrom**, eine 5750 m lange Formel-1-Piste, gebaut, auf der der Grand Prix von Monza ausgetragen wird.

Tipp Man kann den Park auch hoch zu Ross erkunden (**Centro Ippico Santa Maria alle Selve,** Viale Casalta 2, Parco di Monza, Tel. 0 39 36 63 51).

Nach Como

Der Weg von Monza nach Como führt durch die Brianza, deren Hügellandschaft nördlich von Monza beginnt. Mailänder Adel und Patrizier ließen sich hier einst prachtvolle Paläste errichten. In **Cesano Maderno** ❷ ist noch die schöne Villa Borromeo (1618) von dem Conte Marco Maria Arese erhalten.

Die Industriestadt Cantù wirkt nicht gerade einladend, doch an ihrem Orts-

Die Kirche San Vincenzo in Cantù birgt kostbare Fresken

rand, in Galliano, erhebt sich malerisch auf einem Hügel die Kirche ***San Vincenzo** ❸, eine dreischiffige Basilika aus dem 10. Jh. Überreste kostbarer Fresken im Innern zeugen davon, dass sie im 11. Jh. ganz ausgemalt war,

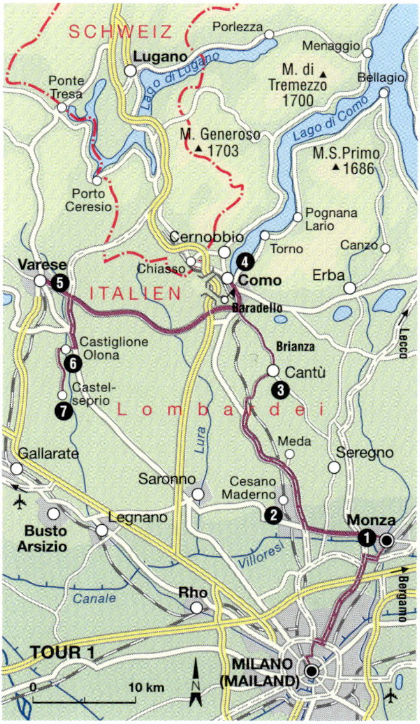

1

was wohl ihrer Rolle als eine der bedeutendsten Pfarrkirchen in der Brianza entsprach. Erhalten ist auch die frühromanische Taufkapelle aus der Zeit um 1007.

Seite 49

**Como ❹ und der **Comer See

Nur dem See zeigt es sich von seiner schönen Seite. Im Hinterhof der Stadt (95 000 Einw.), 51 km, ragen große Industrieanlagen in den Himmel – Como produziert täglich 250 km Seidenfäden. Der »pura seta di Como« verdankte die Stadt zu Beginn des 18. Jhs. ihren wirtschaftlichen Aufschwung und ihren einstigen Reichtum. Dieser lässt sich noch heute an den prunkvollen Villen ablesen, die sich in die Hügellandschaft rund um den See schmiegen.

Doch die Geschichte der Stadt beginnt bereits lange, bevor die Römer den Lario entdeckten, wie reiches Fundmaterial belegt. Es war wohl die außerordentliche Lage inmitten der Berge und am See, die auch die Visconti und Sforza auf Como aufmerksam machte.

**Santa Maria Maggiore

1396 begann man mit dem Bau des Doms, eines grandiosen Spektakels aus Strebepfeilern, Fialen, Lünetten, Reliefs, Bauplastik und ornamentalen Friesen, in dem sich der Übergang von der Gotik zur Frührenaissance vollzieht.

Die Maestri comacini (s. S. 19) hatten die Grundidee des Domes vorgegeben, der erst 1744 mit der Errichtung der Vierungskuppel nach Plänen von Juvarra fertig gestellt wurde. Den Weg ins Innere des Domes weisen Comos berühmteste Söhne, Plinius der Ältere und Plinius der Jüngere, die

Das Dominnere ist berauschend in seiner Pracht

beiden römischen Literaten und Naturkundler, die das Hauptportal flankieren.

Der weite, hohe Innenraum, den Säulen in drei Schiffe unterteilen, ist üppig mit Kunstwerken ausgestattet: Gobelins (16. und 17. Jh.) aus toskanischen und flandrischen Manufakturen schmücken das dreischiffige Langhaus; das linke Seitenschiff ziert die Kreuzabnahme (1498) von Tommaso Rodari, einem bedeutenden Künstler der Maestri comacini, der zusammen mit seinem Bruder Jacopo auch den Skulpturenschmuck der Seitenaltäre schuf. Die kostbaren Altarbilder stammen teilweise von Bernardino Luini, einem Schüler Leonardo da Vincis, sowie von Gaudenzio Ferrari.

!! Der Dom von Como bildet mit dem **Broletto,** dem ehemaligen Rathaus mit schwarzweiß gemusterter Fassade, und der **Torre del Comune** ein großartiges Platzensemble inmitten der *città murata,* der befestigten Altstadt.

1
Seite 49

Geruhsames Sightseeing auf dem Lago di Como: per Schiff von Ufer zu Ufer

Von San Fedele über Sant'Abbondio bis zum See

Nur wenige Minuten vom lebhaften Treiben auf dem Domplatz entfernt liegt im Häusergewirr die Kirche ***San Fedele,** eine romanische Basilika aus dem 12. Jh., die über dem Grundriss eines Kleeblatts errichtet wurde. Am Nordportal der Basilika in der Via Vittorio Emanuele ist noch plastischer Schmuck aus dem Mittelalter erhalten, darunter Figuren wie Daniel in der Löwengrube oder geflügelte Tiere. Im Kircheninnern findet man Fresken aus dem 12. und 13. Jh., die in der Kunstgeschichte, seltene Themen aufgreifen.

Gegenüber von San Fedele lädt das **Caffè Aida** zur Pause ein.

Stadt- und Kulturgeschichte bringt das nahe gelegene **Museo Archeologico Artistico** im Palazzo Giovio näher, dessen Sammlung Funde aus der Stein-, Bronze- und Eisenzeit bis hin zu Exponaten aus romanischer und gotischer Zeit umfasst.

Gleich nebenan ist im Palazzo Olginati das **Museo del Risorgimento »G. Garibaldi«** untergebracht, wo man alles Wissenswerte über die Rolle Comos während der Einigungsgeschichte Italiens erfährt.

Öffnungszeiten beider Museen: Di–Sa 9.30–12.30, 14–17 Uhr, So 10–13 Uhr.

Vorbei an der Piazza Vittoria mit der wuchtigen Torre di Porta Vittoria, einst Teil der mittelalterlichen Wehrbefestigung der Stadt, führt der Rundgang zur etwas außerhalb des Zentrums gelegenen Kirche ****Sant'Abbondio.** Die Fassade der fünfschiffigen Basilika, 1095 geweiht, wirkt in ihrer Schlichtheit eher streng: Kein Schmuck lenkt den Blick ab von ihrer erhabenen Feierlichkeit. Im Innern erzählt ein gut erhaltener Freskenzyklus aus dem Jahre 1350 vom Leben Christi sowie den Taten der Apostel Petrus und Paulus. Der schöne Kreuzgang entstand erst in der Renaissance.

Westliche Uferpromenade

Die Pracht Comos spiegelt sich vor allem an der westlichen Uferpromenade im Wasser des Lario: Hier reihen sich klassizistische Villen aneinander,

1

Seite 49

darunter die berühmte ***Villa dell'Olmo,** benannt nach einer Ulme, die Plinius der Jüngere gepflanzt haben soll. In dem schönen Park dieser Villa vermag man sich das herrschaftliche Leben vorzustellen, bei dem einst Napoleon seine spätere Angetraute Joséphine traf.

Castello Baradello

Einen wunderschönen Blick auf Como mit seinen Bergen im Hintergrund bietet der Platz vor der Ruine des Kastells, das einst Barbarossa zur Sicherung Comos am Osthang des Monte della Croce errichten ließ. Grausige Berühmtheit erlangte die Festung unter Ottone Visconti, der seinen politischen Gegenspieler Napo Torriani in einem Gitterkäfig 19 Monate am Bergfried aufhängen ließ, bis dieser schließlich verhungert war.

Nicht weit vom Castello erhebt sich die erste Kathedrale Comos, **San Carpoforo,** die, Ende des 4. Jhs. an der Stelle eines Tempels zu Ehren Merkurs errichtet, in den folgenden Jahrhunderten aber erweitert und umgebaut wurde.

Tipp Die eigentliche Aussichtsterrasse Comos ist der kleine Ort **Brunate,** den man schnell mit der Zahnradbahn von der Piazza Funicolare aus erreicht. Hier eröffnet sich ein grandioses Panorama auf die schöne Gegend.

Auf dem See

Keinesfalls sollte man eine Schiffsfahrt zu den schönsten Orten am Comer See versäumen. Schiffe starten am **Lungolario Trento** und fahren auch nach ****Bellagio,** zu der »Schönen am See«, einer Sommerfrische mit Villen und Gärten auf einer Landzunge zwischen dem Lario und dem Lago di Lecco.

Bellagio – die Schöne am See

APT, Piazza Cavour 6, Tel. 03 13 30 01 11 oder 03 13 30 01 11, Fax 03 1 26 11 52, www.lakecomo.com.

Grand Hotel Villa d'Este, Cernobbio, Tel. 0 31 34 81, Fax 0 31 34 88 44, www.villadeste.it. Eine der besten Hoteladressen der Welt in einer königlichen Villa aus dem 16. Jh. ○○○

Villa Flori, Via Cernobbio 12, Tel. 0 31 57 31 05, Fax 0 31 57 03 79, www.hotelvillaflori.com. Schöne Villa mit Blick auf See, Berge und die Stadt. ○○○

Tre Re, Piazza Boldoni 20, Tel. 0 31 26 53 74, Fax 0 31 24 13 49, www.hoteltrere.com. Nettes kleines Albergo. Zentral. ○○

Posta, Via Garibaldi 2, Tel. 0 31 26 60 12, Fax 0 31 26 63 98, www.hotelposta.net. Schlichte, aber nette Unterkunft im Zentrum. ○

Ristorante Raimondi dell'Hotel Villa Flori, Via Cernobbio 12, Tel. 0 31 57 31 05. Sehr feines Restaurant in der Villa Flori. Bandnudeln mit

Hummerkrabben bereiten ein neues Pasta-Erlebnis! ○○○

- **Sant'Anna,** Via Turati 1/3, Tel. 0 31 50 52 66. Nicht nur der Schwertfisch ist hier ein Genuss. ○○○
- **Navedano,** Via Pannilani, Tel. 0 31 30 80 80. Rustikales Ambiente und gute Küche machen die große Beliebtheit aus. ○○

Varese ❺

In der historisch bedeutungslosen, von sieben Hügeln umgebenen Provinzstadt (95 000 Einw.), 79 km, ließen Mailänder Adelige im 19. Jh. prachtvolle Villen errichten.

Historisches Zentrum der Stadt ist die Basilika **San Vittore** (1580–1615 nach Plänen Pellegrino Tibaldis errichtet), deren barocker Campanile mit seinen 77 m weit in den Stadthimmel ragt. Das ***Baptisterium** gleich hinter der Kirche geht auf das 12. Jh. zurück und bewahrt Freskenfragmente einer thronenden Madonna sowie eines heilig gesprochenen Bischofs (13. Jh.).

Perlhuhn im Tonmantel ist eine winterliche Spezialität der **Vecchia Trattoria della Pesa** (Via Cattaneo 14, Tel. 03 32 28 70 70). Die gute Weinkarte und das gastliche Ambiente runden das regionale Speisenangebot ab. ○○

Die heiligen Berge

Der Weg führt immer hinauf, dem Himmel entgegen, gesäumt von Wegkapellen, deren Fresken und große Terrakottafiguren die Mysterien des Glaubens und Szenen aus dem Leben Christi darstellen – der Aufstieg auf den heiligen Berg ist immer auch als eine ideelle Pilgerschaft hin zur Erlösung verstanden worden. Die Stationen auf dem Weg nach oben symbolisieren die drei verschiedenen Motive des Rosenkranzes (den »Glorreichen«, den »Freudenreichen« sowie den »Schmerzensreichen«) zu Ehren Mariens, deren Gnadenbild sozusagen als 15. Station auf dem Gipfel des Berges den Pilger erwartet.

Dieser insbesondere im Piemont und der Lombardei weit verbreitete Brauch, heilige Berge anzulegen, fand vor allem während der Gegenreformation großen Anklang. In Gegenden, in denen die protestantische Kirche ihren Einfluss ausüben konnte, schuf man diese Wallfahrtsorte als Bollwerke katholischen Glaubens. Die z. T. lebensgroßen Terrakottafiguren und die besonders suggestiven Fresken waren dabei ein direkter Affront gegen die von den Reformatoren abgelehnte Marienverehrung.

Die neun **Sacri Monti** im Piemont und der Lombardei wurden 2003 in die Liste des Weltkulturerbes der UNESCO aufgenommen.

Der **Sacro Monte von Varese** liegt im Norden der Stadt, an den bewaldeten Hängen des Monte Campo dei Fiori. Von der **Prima Cappella** bis zur Kirche **Santa Maria del Monte** begleiten 14 Kapellen den Weg dem Himmel entgegen, der neben Einsichten in die Kreuwegstationen schöne Aussichten in die umliegende Landschaft bietet.

1 Seite 49

1

Seite 49

Die Gegend um San Vittore mit ihren Laubengängen zeigt eines der schönsten Gesichter Vareses. Ihre hässlichste Fratze zieht die Stadt an der Piazza Monte Grappa, an der sich der Faschismus architektonisch austoben konnte. Österreich in Varese bietet der **Palazzo Estense** in der Via Sacco, der samt Park nach dem Vorbild von Schloss Schönbrunn 1766 errichtet wurde.

Unweit des Stadtzentrums stellte der Kunstmäzen Graf Panza di Biumo seine Villa amerikanischen Künstlern zur Verfügung, die darin Raumkunst auf der Höhe der Zeit präsentieren. In den 1970er Jahren verwandelten Richard Serra, Sol LeWitt, Donald Judd und Robert Irwin aus Übersee die **Villa Panza** in ein einzigartiges Kunstpalais. (Di–So 10–18 Uhr, Direktion in Mailand, Tel. 0 24 67 61 51.)

APT, Viale Ippodromo 9, Tel. 03 32 28 46 24, Fax 03 32 23 80 93.

Ristorante Lago Maggiore, Via Carobbio 19, Tel. 03 32 23 11 83. Feinste italienische Küche im besten Haus am Platze. ○○○

Castiglione Olona und Castelseprio

Über die Hauptstraße Varese–Saronno erreicht man nach wenigen Kilometern ***Castiglione Olona** ❻, ein kleines Industriestädtchen im Tal der Olona. Zu Beginn des 15. Jhs. ließ Kardinal Branda Castiglione hier eine kleine Renaissancestadt entstehen, die sich ganz am Vorbild Florenz orientierte. Die einst prachtvolle Anlage, heute ein verfallenes Bergdorf hoch über der Olona, lohnt unbedingt einen Besuch. Der Kardinal hatte für sein

Die berühmten Fresken in Santa Maria foris portas

groß angelegtes Projekt den Florentiner Künstler Masolino da Panicale, den Lehrer von Masaccio, gewinnen können, von dem noch Fresken in der Kirche *Collegiata (S. Maria) erhalten sind sowie *Wandmalereien im Baptisterium.

Folgt man der Varesina in Richtung Saronno, biegt bei Tradate ab und fährt in Richtung Torba, gelangt man nach ***Castelseprio** ❼ (100 km) auf einem Hügel über dem Olona-Tal. Man erzählt sich, dass ein Mönch hier im 14. Jh. ein Grab unter einem vom Wind entwurzelten Baum gefunden habe, in dem ein Skelett das Schwert Tristans in der einen und ein Schriftstück in der anderen Hand gehalten haben soll. Im Ruinenfeld von Castelseprio im Osten legte man Reste von Mauern und die Gräben einer Burg frei, einige Wehrtürme sowie ein Baptisterium der Frühromanik (11. Jh.). Castelseprio war einmal der Hauptort einer langobardischen Provinz, die vom Lago Maggiore bis nach Mailand reichte.

Eine besondere Kostbarkeit verbirgt sich hinter einem kleinen Wald: die aus dem 7. Jh. stammende Kirche ****Santa Maria foris portas** mit einem Freskenzyklus, der wahrscheinlich von einem byzantinischen Wandermönch (7. oder 9. Jh.) stammt.

Tour 2

Eine lombardische Kunstreise

Mailand → **Bergamo → *Brescia (→ **Gardasee) → **Mantua → Curtatone (→ **Sabbioneta) → *Cremona (190 km)

Die Tour führt von Mailand aus zu den bedeutendsten Kunststädten der Lombardei und zu den Landschaften der Poebene. Höhepunkte der Tour sind die beiden Kunststädte Bergamo und Brescia. Fährt man weiter nach Süden, erreicht man in der Ebene Mantua, die Stadt der Gonzaga, die noch heute als eine Insel der Künste aus den endlosen Feldern der Poebene herausragt, verträumt und verzaubert von der eigenen Vergangenheit. Dass Mantua in der Renaissance Treffpunkt der Künstler war, belegt vor allem auch Sabbioneta, eine Muster-Renaissancestadt, die Fürst Vespasiano Gonzaga anlegen ließ. Durch eine melancholisch verträumte Landschaft mit schnurgeraden Pappelalleen, in der sich der Horizont fast grünlich ins Unendliche zu erstrecken scheint, führt die Strecke weiter nach Cremona, der Stadt Monteverdis und der Geigenbauer. Wer Zeit mitbringt, sollte sich die Tour in drei Tagen vornehmen – die Kunststätten sind es wert.

**Bergamo ❽

Die hoch gelegene, von einem vollständig erhaltenen Mauerring umgebene Altstadt Bergamos (121 000 Einw., 50 km) hat sich ihre faszinierende mittelalterliche Urbanität bewahren können. Zu ihren Füßen liegt das moderne Bergamo. Hier sollte man die **Accademia Carrara** (Piazza Carrara 81 a, Mi–Mo 9.30–12.30 und 14.30–17.30 Uhr) aufsuchen, eine gegen Ende des 18. Jhs. begonnene Sammlung von Meisterwerken der italienischen Kunst, darunter v. a. venezianische Malerei (Bellini, Lorenzo Lotto, Tizian, Tintoretto, Guardi).

Palazzo della Ragione

**Piazza Vecchia

Bergamo entfaltet seine Schönheit zunächst in seinem kommunalen Zentrum, der Piazza Vecchia, deren prachtvolle Fassaden die lange Zugehörigkeit der Stadt zum Herrschaftsgebiet Venedigs spiegeln. Als Teil der Inselrepublik (1428–1797) erlebte Bergamo eine kulturelle und wirtschaftliche Blütezeit, die sich in zahlreichen Repräsentationsbauten äußerte: der venezianisch inspirierte ***Palazzo della Ragione,** die **Torre del Comune,** die bis heute mit 180 Glockenschlägen um 22 Uhr zur Nachtruhe ruft, und die **Biblioteca**

2 Seite 58

2

Seite 58

Vorhalle der romanischen Basilica Santa Maria Maggiore

Civica, ein ebenmäßiger klassizistischer Bau des 17. Jhs. In der Mitte des Platzes – bis heute ein beliebter Ort des Plausches – sprudelt unablässig ein Brunnen, von acht stolzen Löwen umgeben.

Nur wenige Gehminuten von der Piazza Vecchia entfernt erreicht man **Rocca,** die auf einem Felsplateau gelegene Burg aus dem 14. Jh. Von hier hat man einen herrlichen Blick auf Stadt und Umland.

An der Piazza Duomo

Über die Piazza Vecchia gelangt man zum geistlichen Zentrum Bergamos, dem kleinen Domplatz, auf dem sich der Dom **San Vincenzo** mit seiner neoklassizistischen Marmorfassade erhebt. Das Innere ist reich ausgestattet, jedoch mit wenigen Kunstwerken von Rang. Nennenswert ist das Martyrium des Bischofs San Giovanni von Tiepolo.

Zurückhaltender, doch unvergleichlich schöner präsentiert sich die Basilika ****Santa Maria Maggiore,** im 12. Jh. an der Stelle einer schon 774 erwähnten Kirche errichtet. Ihr mächtiger Baukorpus wird von einer auffallend hohen Kuppel bekrönt. Mehrere Anbauten erschweren es, sich von der Piazza aus einen Gesamteindruck dieses Bauwerks zu verschaffen, den

Deckengemälde in der Cappella Colleoni

man allerdings in seiner bestechenden Schönheit von der Torre del Comune aus gewinnt. Der Kern der Basilica ist romanisch; er stammt aus dem Jahr 1137 – wie auch die Löwen, die schwer an den Säulen der Vorhalle tragen. Im Innern der Kirche ist besonders das Chorgestühl beachtenswert, dessen feine Linienführung und Farbharmonie selten in der »Holzmalerei« zu finden sind.

Einer der Anbauten der Basilika, die ****Cappella Colleoni,** drängt sich schon allein durch ihre reich geschmückte Marmorfassade ins Blickfeld. Die Venezianer hatten Bartolomeo Colleoni, den großen Condottiere im Dienst von Mailand, Neapel und der *Serenissima,* finanziell unterstützt, damit er sich in der Stadt seiner Väter eine Grabkapelle errichten lassen konnte, die seinen Ruhm in Fresken, Stuck und Marmor in Szene setzen sollte. Seinem Wunsch nach einem Reiterstandbild auf der Piazza San Marco kamen sie hingegen nicht nach – sie erachteten eher den bescheideneren Platz bei SS. Giovanni e Paolo als angemessen. Mit dem Bau der Cappella wurde Giovanni Antonio Amadeo beauftragt. Auch an der Innengestaltung beteiligten sich bedeutende Künstler, darunter Tiepolo, der die Kuppel mit Fresken zur Geschichte Johannes' des Täufers ausmalte. I-Tüpfelchen des großartigen Bauensembles auf der Piazza Duomo ist das kleine ***Baptisterium** in Form eines Marmoroktogons.

Tipp Musikfreunde sollten einen Abstecher zum **Museo Donizetti** (Via Arena 9) machen, wo u. a. das Klavier des Komponisten zu sehen ist, auf dem er 1822 bis 1844 seine Opern komponierte (tgl. 9.30–13 und 14 bis 17.30, Okt.–März nur vormittags).

Und schließlich noch ein süßer Ausklang: *Polenta e usei,* eine Zuckerspezialität der Stadt mit kleinen Schokoladenvögeln, am besten aus der **Panetteria Tre Soldi** in der Via Colleoni.

APT, Viale Papa Giovanni 23, Tel. 0 35 24 22 26, Fax 0 35 24 29 94; Informationsbüros in der Oberstadt, Piazza Vecchia, Tel. 0 35 23 27 30; www.apt.bergamo.it

Agnello d'Oro, Via Gombito 22, Tel. 0 35 24 98 83, Fax 0 35 23 56 12. Kleines Hotel in der Altstadt, familiäre Atmosphäre. Gutes Restaurant. OO

▮ **Sole,** Via Colleoni 1, Tel. 0 35 21 82 38, Fax 0 35 24 00 11. Von außen museal, innen funktional. Hotel inmitten der *città alta.* OO

Il Gourmet, V. S. Vigilio 1, Tel. 03 54 37 30 04. Feinste Speisen mit Blick über Bergamo. OOO

▮ **La Cantina,** Via Ghislanzoni 3, Tel. 0 53 23 71 46. Originelles Kellerlokal mit Spezialitäten der Gegend. OO

▮ **Antica Trattoria della Colombina,** Via Borgo Canale 12, Tel. 0 53 26 14 02. Schnecken mit Spinat im Jugendstilambiente. OO

Ausflüge von Bergamo

Wer Italien en miniature sehen möchte, fährt nach **Capriate San Gervasio** ❾, direkt an der Autobahn nach Mailand gelegen, wo in einem großzügigen Park die ganze *bellezza* von Sizilien bis zur Lombardei in Miniatur nachgebaut ist. Um den Stiefel einmal zu durchmessen, braucht man nur 30 Minuten.

Man kann von Bergamo aus auf der Autobahn nach Brescia fahren oder aber über die Nationalstraße 12, mit Abstecher zum ***Lago d'Iseo** ❿, der verträumt zwischen dem Camonicatal und den Franciacorta-Weinbergen liegt. Vergil kam oft hierher, um das Wesen der Welt zu ergründen. Um den See führt eine reizvolle Uferstraße, für die man allerdings schwindelfrei sein sollte, da sie streckenweise über steile Felsküsten verläuft.

In Iseo, dem Hauptort am See, kann man hervorragend im **Al volto** (Via Mirolte 33, Tel. 0 30 98 14 62) speisen (OO). Auf Seefische hat sich auch die **Osteria ai Nidi** (Via Colombrera 2, Tel. 0 30 98 08 60) spezialisiert. Köstlich sind mit Fisch gefüllte Tortellini (OO).

Von Pisogne am Nordostufer des Lago d'Iseo führt eine gut ausgebaute Straße in die Valcamonica, wo man über hunderttausend *****Felszeichnungen** der keltischen Camunen gefunden hat (s. S. 18).

2 Seite 58

2
Seite 58

Brescias Uhrturm mit einer Sonnenuhr aus dem 16. Jh.

*Brescia ⓫

Das nach Mailand bedeutendste Industrie- und Handelszentrum der Lombardei (200 000 Einw.), 104 km, wird oft verkannt. Doch wer die Stadt näher betrachtet, entdeckt einen historischen Stadtkern ungeahnter Schönheit und Pracht.

Via dei Musei

Der zur Römerzeit ausgedehnte Machtbereich *brixias* spiegelte sich auch in der Pracht der Bauten. Die Via dei Musei macht ihrem Namen alle Ehre: Das **Forum** mit den antiken Bogenreihen sowie den ***Kapitolstempel** ließ Kaiser Vespasian 73 n. Chr. als Dank für die Treue der Brescianer errichten. Heute ist hier das ***Civico Museo Romano** eingerichtet, das bedeutende Funde aus der Römerzeit zeigt (Di–So 9.30–18 Uhr). Auch die gesamte Bühne des **Römischen Theaters** gleich neben dem Tempel wurde freigelegt.

Den größten Komplex in der Via dei Musei 81 nimmt das Kloster ***Santa**

Kontrastreiches Wechselspiel: der alte und der neue Dom

Giulia mit dem **Stadtmuseum** ein, in dem 13 Abteilungen von der Bronzezeit bis heute die Geschichte Brescias dokumentieren. In den drei Kreuzgängen und Kirchen des weitläufigen Klosters sind auch wertvolle Fresken der Renaissance erhalten (Di–Sa 9 bis 12.30 und 15–18 Uhr).

Rund um den Domplatz

Mittelalterliches Zentrum der Stadt war die grandiose ****Piazza del Duomo.** Beherrscht wird der Platz von der romanischen ****Rotonda** (11. Jh.), dem alten Dom mit seiner schlichten Fassade, die von Bogenfenstern gegliedert wird, und der spätbarocken weißen Marmorfassade des neuen Doms.

Mit der großen Kuppel des Doms – nur die des Petersdoms und des Doms in Florenz ist größer – wetteifert die Torre del Comune, die sich neben dem ***Palazzo del Broletto** erhebt. Hinter der Apsis des neuen Doms hat die Stadtbibliothek ihren Sitz. Der Bestand der ***Biblioteca Queriniana** umfasst mehr als 300 000 Inkunabeln und Handschriften, u. a. von Dante und Petrarca (nicht zugänglich).

Das Renaissanceherz Brescias findet sich an der ****Piazza della Loggia,** die die lange Zugehörigkeit der Stadt zum venezianischen Machtbereich bezeugt. Andrea Palladio sowie Jacopo Sansovino wirkten am Bau des **Palazzo della Loggia** mit, der den Platz dominiert. Ihm gegenüber weist der **Uhrturm** eine prachtvolle Sonnenuhr aus dem 16. Jh. auf. Den Süden des Platzes begrenzen das **Alte** und das **Neue Pfarrhaus.**

Das Kastell

Nun empfiehlt sich ein Aufstieg über die Via del Castello zur Visconti-Festung. Die Befestigungsanlage wurde ab dem 12. Jh. angelegt und zeugt mit ihren dicken Wehrmauern und Türmen von kriegerischen Zeiten. Mit welchen Waffen man sich im Mittelalter be-

2
Seite 58

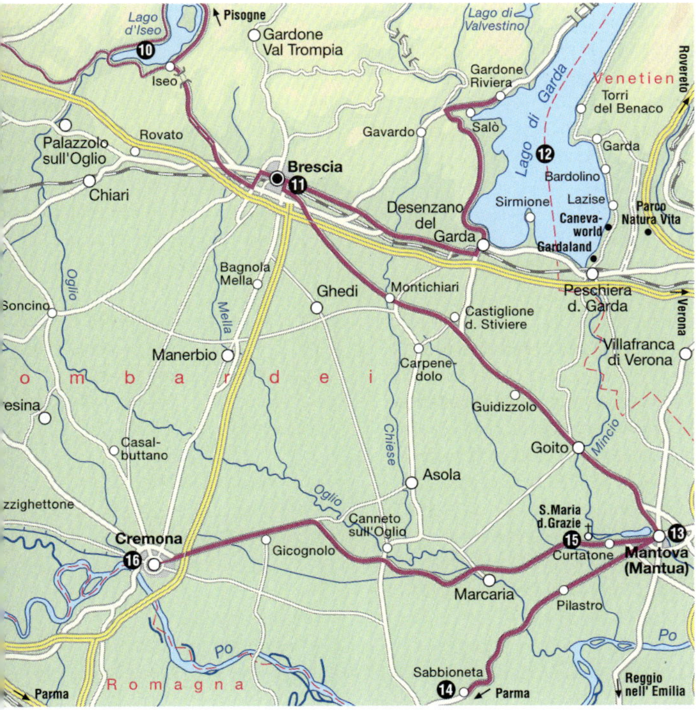

2

Seite 58

kämpfte, zeigt das hier eingerichtete Museo delle Armi. Den Freiheitskampf Italiens dokumentiert das Museo del Risorgimento. (Kastell und Museen Di–So 10–12 und 15–18 Uhr.)

APT, Corso Zanardelli 34, Tel. 03 04 34 18, Fax 0 30 29 32 84, www.bresciaholiday.com

Vittoria, Via X Gionate 20, Tel. 0 30 28 00 61, Fax 0 30 28 00 65, www.hotelvittoria.de. Nobles Ambiente im Zentrum der Stadt. ○○○

Alabarda, Via Labirinto 6, Tel. 03 03 54 13 77, Fax 03 03 54 13 00. Nettes Familienhotel mit allem Komfort. ○○

Piazzetta, Frazione Sant'Eufemia, Via Indipendenza 87, Tel. 0 30 36 26 68. Edelrestaurant, an dessen hervorragende Küche man sich gerne erinnert. ○○○

La Sosta, Via San Matino della Battaglia 20, Tel. 0 30 29 56 03. Eleganter Stadtpalast mit exklusiver Gourmetküche. ○○○

Osteria dell'Elfo, Piazza del Vescovato 1 b, Tel. 03 03 77 48 58. Hausmacherkost vom Feinsten. ○○

*Pinacoteca Tosio-XX

Die Sammlung der Pinakothek (Via Martinengo da Barco 1, südöstlich der Altstadt) ist in einem alten Palazzo untergebracht. Sie umfasst u. a. Werke von Raffael, Tintoretto, Veronese und Tiepolo, aber auch Gemälde der Brescianer Malschule des 15./16. Jhs. (Di–Fr 9–12.30, 15–17.30, Sa 9–12.30, 15–19, So 10–12.30, 15–19 Uhr).

Ausflug zum **Gardasee ⓬

»Da, wo an der Abendseite das Gebirge aufhört, steil zu sein, und die Landschaft flächer nach dem See fällt, liegen in einer Reihe, in einer Länge von ungefähr anderthalb Stunden, Gargnano, Boiacco, Cecina, Toscolano, Maderno, Verdom, Salò, alle auch meist wieder in die Länge gezogen. Keine Worte drücken die Anmut dieser so reich bewohnten Gegend aus«, schrieb Goethe 1786 über das lombardische Westufer des Gardasees, das er im Rahmen seiner italienischen Reise besuchte. Seine unverwechselbare, liebliche Schönheit hat sich der Gardasee trotz aller Touristenströme bewahrt. Die Fahrt von Desenzano del Garda bis nach Riva auf der steil über der Felsküste führenden Gardesana occidentale eröffnet hinter jeder Biegung eine neue Perspektive.

**Salò

gilt als schönster Ort des Westufers. Die Temperaturen klettern hier am höchsten, was eine einzigartige Vegetation zu üppigster Entfaltung treibt. Dass der Ort bereits im Mittelalter wegen seiner Lage geschätzt war, belegen einige Bauten aus dieser Zeit.

Tipp Die **Pasticceria Vasalli,** Via San Carlo 90, fertigt feinstes Zitronengebäck und Zitronenpralinen, zubereitet mit den Zedratzitronen der Gardaseeregion.

Trattoria La Campagnola, Via Brunati 11, Tel. 0 36 52 21 53. Köstliche Zubereitung von Gerichten mit Gemüse aus eigenem Anbau. ○○

*Gardone Riviera

Der Hauptort der Brescianer Riviera besticht mit seinen eleganten Villen, zwischen die sich auch der Vittoriale

Gardone Riviera

degli Italiani mischt, einst von dem Dichter Gabriele d'Annunzio als nationale Gedenkstätte an die Kämpfe, die den Faschismus vorbereiteten, errichtet. Von dem bis unter das Dach voll gestopften Kuriositätenschloss kann man sich im einfallsreichen Botanischen Garten von André Heller erholen – nur wenige Schritte entfernt.

Trattoria Belvedere da Marietta, Via Montecucco 78, Tel. 036520960. Die Nudeln werden hier noch selbst gemacht. ❍❍

**Sirmione

liegt Im Süden des Gardasees auf einer in den See züngelnden Halbinsel. Der römische Dichter Catull besang diesen Logenplatz am Lago di Garda als »Perle der Inseln und Halbinseln«. Das venezianisch geprägte Städtchen hängt nur mit zwei Brücken am Festland: Die eine führt zum Kastell der Skaliger, die andere in den historischen Kern des Ortes mit seinen engen Gassen.

Die Spitze der Landzunge von Sirmione nimmt eine weit ausgedehnte Ruinenlandschaft aus römischer Zeit ein, die sogenannte **Grotte di Catullo.** Der Name ist irreführend, der römische Dichter hatte niemals in einem so großen Palast gelebt. Wahrscheinlicher ist, das es sich bei dem riesigen Gebäude, dessen Ruinen man auf dem über 20 000 m² große Gelände ausgegraben hat, um einen Imperatorenpalast handelt.

Osteria del Pescatore, Via Piana 22, Tel. 0 30 91 62 16. Preiswertes Restaurant in der Altstadt. ❍

Tipp Im Südosten des Gardasees locken mehrere Vergnügungsparks. Der bekannteste ist **Gardaland,** ein Ableger von Disneyland (im Sommer tgl. 9.30–18 Uhr, www.gardaland.it). Nicht weit entfernt lockt im Hinterland der **Natura Viva Park,** ein riesiger Tierpark, der per Autosafari erkundet werden kann (im Sommer tgl. 9–17 Uhr, www.parconaturaviva.it). Nördlich von Gardaland schließlich ist **Caneva World** der größte Wasserpark Italiens (im Sommer tgl. 10–19 Uhr, www.canevaworld.it).

Das Südostufer

Peschiera del Garda hat ebenso wie **Lazise** eine nette kleine Altstadt. Touristenmagnet am Südostufer ist **Bardolino,** bekannt für das gleichnamige Weinanbaugebiet. Die Piazza Matteotti mit Eiscafés und Edelläden ist immer voller Leben.

Al Commercio, Via Solferino 1, Bardolino, Tel. 0457211183. Die Speisekarte ist einfallsreich, die Küche gut und preiswert. ❍

Mittelalterliche verwinkelte Gassen, eine breite Seepromenade, Einkaufsmöglichkeiten und Cafés zu Hauf:

2
Seite 58

Garda gab dem See den Namen. Der elegante und viel besuchte Ferienort wird auch als »Königin des Sees« bezeichnet.

2

Al Pontesel, Via Monte Baldo 105, Tel. 04 57 25 54 19. Für Freunde von Pizza und Pasta, einfach und gut. ❍

Seite 58

**Mantua ⓭

Wer sich der Stadt der Gonzaga (60 000 Einw.), 191 km, von Norden her nähert, folgt ein Stück dem Mincio, der sich zu drei Seen erweitert, die Mantua umgeben. Über eine Brücke gelangt man in die Altstadt, über der die Kuppel von Sant'Andrea thront. Mantua ist eine Stadt voller Leben und unbeschwerter Leichtigkeit.

*Palazzo Ducale

Aller Ruhm der Stadt begann auf der Piazza Sordello, dem ältesten und größten Platz Mantuas, an dem sich der mächtige Palast der Gonzaga erhebt, in dem die kunstbesessene Familie so prachtvoll residierte. Durch ein kleines Tor tritt man ein in die Residenz, deren Ausmaße sich von der Piazza nur schwer erahnen lassen. Eine verwirrende Ansammlung verschiedenster Gebäude öffnet sich da, die seit 1290 hier entstanden sind und die die Gonzaga zu einem Renaissanceschloss zusammenfassten.

Von den über 500 Sälen und Zimmern des Palastes sind nur rund 20 zu besichtigen. Die **Spiegelgalerie,** die **Hängenden Gärten** und die ***Camera degli Sposi**, das Schlafgemach des Fürsten Ludovico II und seiner Gemahlin Barbara von Brandenburg, das im Castello di San Giorgio liegt und von Mantegna 1465 mit Fresken ausgemalt wurde, sind nur die Höhepunkte eines rauschenden Prunkes.

Der Palazzo Ducale birgt über 500 Säle und Zimmer

Auch die **Gemäldesammlung** zeugt von dem Kunstsinn der Gonzaga, selbst wenn sie nur noch ein matter Abglanz dessen ist, was sie war. In Geldnot geraten, musste Gonzagafürst Vincenzo II 1627 den Großteil seiner Sammlung an den englischen König verkaufen.

Öffnungszeiten: Mo–Sa 9–14 und 14.30–19 Uhr, Einlass bis 18 Uhr.

Tipp Wer nun eine Pause braucht, der sollte auf der **Piazza Sordello** die *torta sbrisolona* probieren, einen festen Mandelstreuselkuchen, eine Köstlichkeit der Küche Mantuas.

An der Piazza Sordello

Bürgerhäuser und Palazzi aus dem 13. und 14. Jh. säumen den Platz vor dem Palast, an dem auch der **Dom San Pietro** liegt, ein eigenwilliges Stilgemisch aus antiken, romanischen, gotischen und barocken Bauformen.

Die **Torre della Gabbia** an der Ecke der Via Cavour ist Ausdruck der feindseligen Zeiten, in denen die guelfischen und ghibellinischen Adelsfamilien gegeneinander kämpften und sich in Mantua mit Wehrtürmen verteidigten. Der Name des Turmes (*gabbia* = Käfig) leitet sich von einer mittelalterlichen Foltermethode ab, bei der man Missetäter in einem Käfig an der

Relaxen in Mantuas Straßencafés

Turmmauer zur Schau stellte und schmachten ließ.

Tipp In der **Bäckerei Freddi** an der Piazza Cavalotti 7 kann man jeden Tag frische Tortellini, Tortelloni, Tagliatelle oder Agnolini kaufen – mit allen erdenklichen Füllungen.

Piazza Broletto und **Piazza delle Erbe

Die beiden Plätze schließen sich südlich an die Piazza Sordello an. Am **Palazzo del Broletto** erinnert ein Relief in der Nische des Nordportals an Vergil, den Dichter aus Mantua. Hier erhebt sich auch die Torre Civica als Ausdruck wachsenden kommunalen Selbstbewusstseins.

Einer der schönsten Plätze Mantuas ist die malerische Piazza delle Erbe, auf der jeden Tag ein bunter Gemüse- und Obstmarkt stattfindet. Die Marktfrauen aus der Poebene reisen schon seit dem 12. Jh. an und präsentieren ihre frischen Köstlichkeiten vor der Fassade des **Palazzo della Ragione** (1250), des alten **Rathauses,** der **Torre dell' Orologio,** dem mächtigen Uhrturm aus der Renaissance, der Kirche **Sant'Andrea** sowie der Rotunde von **San Lorenzo.** Der Uhrturm von 1473 übernimmt die Funktion eines Ratgebers, indem er neben der Uhrzeit den *mantovani* auch die Zeit für den Aderlass anzeigte oder die richtige Erntezeit sowie die rechte Zeit für Frühjahrskuren.

Die benachbarte **Piazza Mantegna** krönt eine der schönsten Kirchen der Hochrenaissance. Ludovico II rief 1470 den Florentiner Baumeister Leon Battista Alberti nach Mantua, der den Entwurf für Sant'Andrea lieferte. Die Kuppel entstand erst sehr viel später nach einer Vorlage Filippo Juvarras. Der dreiteilige antike Triumphbogen stand bei der Fassadengestaltung Pate; sein System wurde auch für die Innengestaltung angewandt, was ihr die maßvolle und ruhende Proportionierung verleiht. Um die majestätische, an der Antike geschulte Größe des Raums auf sich wirken zu lassen, die beispielgebend für zahlreiche europäische Kirchenbauten des 18. Jhs. wurde, muss man von der Dekoration absehen, die erst später geschaffen wurde. Das Innere war wohl als würdevoller Rahmen für die Grabstätte Andrea Mantegnas gedacht, der 1506 in Mantua starb.

Im Süden der Stadt

Auf dem Weg zum südlichen Ende der Stadt, zum Palazzo del Tè, der Zweitresidenz der Gonzaga (20 Min. Fußweg vom Palazzo Ducale), kann man einen kleinen Schlenker in die Via Poma zur prachtvollen **Casa di Giulio Romano** machen, dem Haus des Hofarchitekten der Gonzaga. Weitaus bescheidener ließ sich der Maler Andrea Mantegna, der Hofmaler der Gonzaga war, seine **Casa del Mantegna** (Via Acerbi 47) bauen, in der noch Reste der einst reichen Wandbemalung erhalten sind.

Schräg gegenüber steht der zweite bedeutende Bau Albertis, die Kirche ***San Sebastiano** aus dem 15./16. Jh.

2 Seite 58

CIO
POST·LABORES

Erstmalig in der Geschichte der Architektur ersann Alberti hier einen Zentralbau der Renaissance über dem Grundriss eines griechischen Kreuzes. Die grandiose und in ihrer Harmonie und edlen Linienführung überwältigende Raumwirkung ist hier, anders als bei Sant'Andrea, erhalten. San Sebastiano wurde im 18. Jh. säkularisiert und dient heute als Denkmal für die Gefallenen der Weltkriege.

**Palazzo del Tè

Den Palast, versteckt hinter dem Sportzentrum von Mantua, ließ Federico II Gonzaga von Giulio Romano 1525 etwas außerhalb des Stadtzentrums als Gartenvilla anlegen, da er hier seinen Leidenschaften – Pferde und Frauen – frönen wollte. Unzählige nackte Jünglinge und holde Jungfern sowie Jagdszenen bevölkern die Fresken, die die Wände des Schlosses von unten bis oben überziehen. Seine Geliebten traf Federico am liebsten in der ***Sala di Psiche,** wo der Mythos von Amor und Psyche erzählt wird. Dass der Herzog seine Leidenschaften zügeln und nicht die Götter versuchen sollte, legte ihm wohl der Maler der ***Sala dei Giganti** nahe, in der ein riesiges Fresko Giganten darstellt, die von den Blitzen des Zeus unter einem Inferno einstürzender Bauten begraben werden. Der Riesensaal wurde bereits im 16. Jh. bewundert und fand viele Nachahmungen in Deutschland und Frankreich (Di–So 9–18, Mo 13 bis 18 Uhr, letzter Einlass 17.30 Uhr).

APT, Piazza Andrea Mantegna 6, Tel. 03 76 32 82 53, Fax 03 76 36 32 92, www.aptmantova.it

San Lorenzo, Piazza Concordia 14, Tel. 03 76 22 05 00, Fax 03 76 32 71 94, www.verona-hotels.net/Albergo_San_Lorenzo_montova.html. Erstes Haus am Platze in schönster Lage nahe der Piazza delle Erbe. ○○○

Die Sala di Psiche im Palazzo del Tè

▮ **Broletto,** Via Accademia 1, Tel. 03 76 32 67 84, Fax 0 37 62 21 97. Komfortabel und gemütlich. ○○

Aquila Nigra, Vicolo Bonacolsi 4, Tel. 03 76 32 71 80. Top-Adresse für die *tortellini di zucca*. Man speist im klösterlichen Ambiente. ○○○

▮ **Il Cigno,** Piazza d'Arco 1, Tel. 03 76 32 71 01. Nobelküche in einem freskengeschmückten Palast des 16. Jhs. ○○○

▮ **Ochina Bianca,** Via Finzi 2, Tel. 03 76 32 37 00. Phantasievolle Küche von Marcella und Gilberto. ○○

**Sabbioneta ⑭

Nur 7 km südwestlich von Mantua entfernt liegt ein Ort, den Vespasiano Gonzaga Mitte des 16. Jhs. errichten ließ. Der ruhmreiche Heerführer, der zu einer Nebenlinie der Gonzaga gehörte, wollte eine Stadt schaffen, die Mantua in nichts nachstehen sollte. Seine auf dem Reißbrett entstandene ideale Residenz ist so erhalten, wie sie nach dem Tod des Heerführers, Dichters, Architekten und Mäzens verlassen wurde. Die Kunstsammlungen und anderes wurden nach Mantua geschafft. Doch die Stadt, wenn auch von bröckelnder Pracht, vermittelt noch immer die Großartigkeit der damaligen Zeit. Man nannte sie auch »Klein-Athen«.

Parco Cappuccini, Via Santuario 30, Tel. 03 72 55 20 05. Feines Restaurant in einem alten Palazzo inmitten einer Parklandschaft. ○○○

2
Seite 58

*Santa Maria delle Grazie ⑮

2

Seite 58

Folgt man dem Verlauf des Logo Superiore in Mantua, kommt man in den Ort **Curtatone,** den man durchqueren muss, um dann über eine lange Allee zur Wallfahrtskirche zu gelangen. Francesco I Gonzaga versprach im Pestjahr 1399 den Bau dieser prächtigen Renaissancekirche, wenn er überleben würde.

In den holzvertäfelten Nischen sieht man Figuren aus Holz, Stuck und Wachs mit echten Haaren sowie verschiedenen Accessoires. Sie entstanden in der Renaissance und sollen wahrscheinlich die Personen darstellen, die diese Figuren als Votivgaben hierher brachten. Ungewöhnlich ist auch das einbalsamierte Krokodil an der Decke.

*Cremona ⑯

Die Stadt (73 000 Einw.), 190 km, markiert etwa den Mittelpunkt der Poebene. Ihre strategisch günstige Lage erkannten schon die Römer, die hier eine wichtige Straßenkreuzung anlegten. Wahrscheinlich kamen eines Tages auch Araber nach Cremona und hinterließen die berühmte Süßigkeit *torrone,* Nougat mit Mandeln, Eiern und Honig. Bereits Ende des 11. Jhs. war Cremona freie Stadt und erbittertste Gegnerin Mailands, bis es schließlich 1334 dem Druck der Visconti nachgeben musste. Seither ist die Geschichte der Stadt eng mit dem Schicksal der lombardischen Hauptstadt verbunden. Nicola Amati, Giacomo Antonio Stradivari und Claudio Monteverdi wirkten hier und verschafften Cremona den Ruf einer Musikstadt. Mittlerweile pflegt man diese Rolle mit zahlreichen Ausstellungen, rekonstruierten Werkstätten, Museen

Die wunderschöne Uhr am Glockenturm des Doms ist Wahrzeichen Cremonas

und der alljährlichen Cremoner Konzertreihe im Mai oder Juni.

An der Piazza del Comune

Zentrum der Stadt ist die ****Piazza del Comune,** in ihrer Geschlossenheit eines der großartigsten Platzensembles Italiens – umgeben vom Baptisterium, dem Dom, dem Palazzo del Comune, der Loggia dei Militi sowie dem Torazzo.

Der ****Dom** präsentiert sich trotz seiner imposanten Größe mit graziler Leichtigkeit: Die eleganten Bogen des Portico della Bertazzola, die den Campanile mit dem Dom verbinden, nehmen ihm seine strenge Blockhaftigkeit. Die rhythmisch schön gegliederte Fassade wird durch Figuren aufgelockert. Der *Torrazzo (1250), der Glockenturm des Doms, mit 111 m der höchste Campanile Italiens und Wahrzeichen Cremonas . Zur Piazza wendet sich der Turm mit einer prachtvollen astronomischen Uhr, die Sternbilder, Mondphasen und die Eklipsen anzeigt.

Das von einer Kuppel bekrönte Oktogon, das ***Baptisterium** Cremonas, entstand 1167 nach dem Vorbild von Florenz. Im 16. Jh. zog man ihm ein marmornes Kleid über, um eine spannungslose Harmonie zum Dom zu erreichen.

Die kleine **Loggia dei Militi,** ein schlichter, wohlproportionierter Bau und eines der schönsten Beispiele gotischer Profanarchitektur, wurde 1292 als Versammlungsort der städtischen Miliz errichtet.

Gegenüber dem Dom hat im ***Palazzo del Comune*** die Stadtverwaltung noch heute ihren Sitz. Hier, in der Sala dei Violini, hängen die Geigen von Andrea und Nicola Amati, von Giacomo Antonio Stradivari und Giuseppe Guarneri.

Kartoffeltortelloni mit Walnusssauce oder Kürbiscarpaccio – in der **Osteria La sosta** (Via Sicardo 9, Tel. 03 72 45 66 56) wird eine Fülle kulinarischer Kuriositäten angeboten. ○○

*Palazzo Fodri und Museo Civico

Durch den belebten Corso Matteotti gelangt man nördlich vom Dom zum eleganten Frührenaissancepalast mit dem schönsten Arkadenhof der Lombardei.

Nordwestlich des Doms zeigt das **Museo Civico** (Via Ugolani Dati 4) neben Malerei auch archäologische Funde, eine große Terrakottasammlung sowie in der Sezione Stradivariano (Eingang Via Palestro 17) eine Geigensammlung. Weitere Geigen beherbergt der **Palazzo del Comune,** dazu Zeichnungen und Modelle aus der Werkstatt Stradivaris (Öffnungszeiten: beide Museen Di–Fr 9–18, So 10 bis 18 Uhr).

San Sigismondo

Über die Piazza Libertà und die Via Giuseppina erreicht man, im Osten etwas außerhalb der Stadt, den nach dem Dom bedeutendsten Sakralbau Cremonas. Bianca Maria Visconti gab die Kirche 1463 in Auftrag, als Erinnerung an ihre Trauung mit Francesco Sforza, die in einem Vorgängerbau stattgefunden hatte. Die ungewöhnlich rhythmisierte Fassade bildet den künstlerischen Auftakt für den grandiosen Innenraum der Kirche, den Fresken aus dem 16. Jh. von cremonesischen Meistern überzieht.

Die gotische Loggia dei Militi

APT, Piazza del Comune 5, Tel. und Fax 0 37 22 17 22, www.aptcremona.it.

Astoria, Via Bordigallo 19, Tel. 03 72 46 16 16, Fax 03 72 46 18 10, www.hotel-astoria-pr.it. Luxus in einem ehemaligen Kloster. ○○○
▌**Impero,** Piazza della Pace 21, Tel. 0 37 21 30 13, Fax 03 72 45 72 95. Zentral gelegenes Hotel. ○○

Ceserole, Via Ceserole 4, Tel. 0 37 23 09 90. Feine lombardische Spezialitäten. ○○○
▌**Mellini,** Via Bissolati 105, Tel. 0 37 23 05 35. Trattoria in einem der ursprünglichsten Viertel Cremonas. ○○

2
Seite 58

Tour 3

Mittelalterliche Spuren

Mailand → *Chiaravalle Milanese → **Certosa di Pavia → **Pavia → *Lomello → Alessandria → *Asti (190 km)

3

Seite 82

Auftakt der Tour sind großartige Klosterbauten im Süden Mailands, so die Anlage von Chiaravalle und die Certosa di Pavia, das »erste dekorative Prachtstück Italiens und der Welt« (Jacob Burckhardt). Pavia, die alte Kaiserstadt, hat neben viel Charme und Flair auch viel Kunst, Geschichte und Politik zu bieten. Über Lomello, wo eine der ersten romanischen Kirchen in der Lombardei zu sehen ist, führt die Tour weiter nach Alessandria, Geburtsstadt des Borsalino, in der sich auch heute noch alles um Hüte dreht. In den nahe gelegenen heißen Quellen und Schlammbädern von Acqui Terme können sich müde Reisende erholen, um sich auf den Weg zur Weinstadt Asti in den Hügelketten des Monferrato zu machen.

Will man sich Zeit für die Städte lassen und sich in Acqui Terme ausgiebig entspannen, sollte man für diese Tour zwei Tage einplanen.

*Chiaravalle Milanese ⓱

Südlich von Mailand (s. S. 27) liegt inmitten von Feldern die Zisterzienserabtei, die ihren Namen von Abt Bernhard von Clairvaux ableitet, der hier 1135 einen Vorgängerbau weihte. Die damalige Abgeschiedenheit der Gegend kam dem Lebensideal der Zisterzienser, Entsagung und Askese, gerade recht. Ihre Strenge spiegelt sich auch in dem Bau der 1150 errichteten Abteikirche Santa Maria, deren Fassade ohne schmückenden Dekor blieb. Doch 150 Jahre später lockerten sich offensichtlich die Prinzipien der Zisterzienser, zumindest was die Bauästhetik betraf, die beispielsweise einen frei stehenden Campanile verbot. Denn 1347 entstand in der Chiaravalle ein Vierungsturm von filigraner Schönheit. Im 16. Jh. schien man sich der alten Ideale zu entsinnen und errichtete einen bescheidenen Glockenturm. Im Innern der Kirche ist reicher Freskenschmuck aus der Giotto-Schule erhalten, u. a. mit Darstellungen aus dem Leben des hl. Bernhard.

**Certosa di Pavia ⓲

Über eine öde Straße führt der Weg nun zur weltberühmten Kartause 10 km vor der Kaiserstadt Pavia. In Anbetracht des Touristenrummels ist es kaum vorstellbar, dass hier einst Mönche in den Kreuzgängen in stiller Einkehr wandelten und für das Heil der Welt beteten. Gian Galeazzo Visconti hatte eine respektable Grablege für sein Geschlecht vor Augen, als er die Certosa 1390 im weitläufigen Park seines Schlosses in Auftrag gab. Die Mönche, die hier einzogen, sollten unbedingt Kartäuser sein, weil sie besonders weltabgewandt lebten. Doch beim Tode Gian Galeazzos 1402 standen lediglich die Grundmauern des Klosters. Aufgrund immer wieder leerer Staatskassen zogen sich die Bauarbeiten an der Certosa bis 1549 hin.

Ein Feuerwerk von Ornamenten, Friesen, Porträtmedaillons und schmückendem Dekor scheint sich an der ****Fassade** der Klosterkirche Ma-

Die weltberühmte Certosa di Pavia

donna delle Grazie entzündet zu haben, einem Wunderwerk kunstvoller Details. Keineswegs einhellig einer Meinung sind die Kunsthistoriker in ihrem Urteil über die Kartause. Das **Innere** der Klosterkirche ist unerwartet schlicht und von zweitrangiger Ausstattung. Glanzpunkt ist lediglich das Grab für Ludovico il Moro und Isabella d'Este, das der Herzog 1497 nach dem frühen Tod seiner hochverehrten Gemahlin bei Cristoforo Solari in Auftrag gab. Die beiden bedeutenden Herrscherpersönlichkeiten, die ursprünglich in Santa Maria delle Grazie in Mailand ruhten, sind besonders lebensnah in Marmor gemeißelt. Auch der Klosterstifter, Gian Galeazzo Visconti, hat seine letzte Ruhestätte, die nach seinem eigenen Entwurf gefertigt wurde, in der Kirche gefunden.

Die 23 **Zellen** der Kartäusermönche, die vom Großen Kreuzgang mit seinen 123 Arkaden abgehen, haben sich noch etwas von der Ruhe und Besinnlichkeit bewahrt, die einst über dem Kloster lag. Zu jeder Zelle gehört ein kleiner Garten als Ort der Arbeit und der Sammlung.

Der **Kleine Kreuzgang** baut mit seinen feinen Säulenarkaden ein harmonisches Wechselspiel zu den eleganten Galerien des **Vierungsturmes** auf, auf den er den Blick immer wieder freigibt.

Ein Deckenfresko schmückt die Vorhalle der Certosa

Im **Refektorium** nahmen die Kartäuser schweigend ihre bescheidenen Mahlzeiten ein, während ein Mönch von der Marmorkanzel Bibeltexte las.

Tipp Pobieren Sie den Wein im **Vecchio Mulino** (Via del Monumento 5) – ein lombardischer Gaumengenuss ganz außergewöhnlicher Qualität.

**Pavia ⑲

Die »Schöne im Schatten Mailands« ist allein schon aufgrund ihrer geographischen Lage sehr reizvoll: An der tiefsten Stelle der Poebene am Ticino gelegen, erscheint die Stadt (100 000 Einw.), 36 km, bei klarer Sicht von den Alpen im Norden und den Ausläufern des Apennins im Süden umgeben.

Die verkehrsgünstige Lage in der Nähe der Mündung des Ticino in den Po verschaffte der Stadt schon unter den Römern eine herausragende Stellung. Im Mittelalter wurde Pavia dann Hauptstadt des Langobardenreiches – viele deutsche Herrscher wurden hier zu Königen von Italien gekrönt.

1359 musste sich der mittlerweile unabhängige Stadtstaat den Visconti unterwerfen, die Pavia jedoch neben Mailand zu einem kulturellen Zentrum Oberitaliens ausbauten.

3

Seite 82

Das mächtige Castello Visconteo am Rande von Pavias Altstadt

Arkadengänge schmücken die Innenhöfe der Universität

3

Seite 82

**Castello Visconteo

Kurz nach der Unterwerfung Pavias ließen die Mailänder Herzöge die von dicken Mauern umgebene Zwingburg errichten, die keinen Zweifel an ihrer Funktion offen lässt. Die imposante Vierflügelanlage mit einst vier Ecktürmen ist nur noch zum Teil erhalten. Sie hielt dem Angriff der Franzosen 1527 in der Schlacht von Pavia mit modernen Feuerwaffen nicht stand.

Heute sind im Castello das **Museo Civico** untergebracht sowie die **Pinacoteca Malaspin**a mit Werken von Luini, Correggio, Antonello da Messina und Giovanni Bellini. Der weite **Park,** den Gian Galeazzo bis zur Certosa erweitern ließ, ist ein romantisch angelegter Landschaftsgarten mit einigen kleinen Bauten (Di–So 9.30 bis 12.30 und 15.30–18.30 Uhr).

**San Pietro in Ciel d'Oro

Über den Viale G. Matteotti und die Via Grizotti erreicht man etwas außerhalb der Alttadt im Westen des Kastells die graziöse Kirche, die noch mit ihrem Namen an den »goldenen Himmel« ihrer Vorgängerkirche, einer langobardischen Basilika, erinnert. Die Kirche bündelt ihre monumentale Kraft in einem einfachen Backsteinbau mit einer streng gegliederten **Fassade.** Einen ebenso strengen Eindruck vermittelt auch der **Innenraum,** in dem sich das Grab des bedeutenden römischen Senators und Philosophen Boethius befindet (Krypta), den der Ostgotenkönig Theoderich des Verrats beschuldigte und hinrichten ließ. »Der Leib, aus dem sie (die Seele; Anm. d. Verf.) einst vertrieben wurde, / Ruht in Cieldauro, und aus der Verbannung / Und Marter kam sie her in diesen Frieden«, tröstet Dante in seiner »Göttlichen Komödie«. Der Auszug ist, in Marmor gemeißelt, rechts neben dem Portal zu lesen. Über dem Hochaltar erhebt sich die dreigeschossige Arca di Sant'Agostino, das Grabmal des heilig gesprochenen Kirchenvaters Augustinus, der 430 ums Leben kam. Die Reliefs des Grabmals schildern die Lebensetappen des Heiligen.

Ein weiteres Grabmal am südlichen Vierungspfeiler birgt die sterblichen Überreste des Langobardenkönigs Luitprand, der 723 die Gebeine des Augustinus von Sardinien hierher holen ließ.

**Universität

Über den Corso Strada Nuova gelangt man zurück zum mittelalterlichen Stadtkern und zur Hochschule südlich des Kastells, die Pavias Ruf als Gelehrtenstadt begründete. Der gewaltige Gebäudekomplex umfasst mehrere Innenhöfe mit Arkaden und Loggien. Seine Entstehung reicht bis ins 14. Jh. zurück, doch zahlreiche Um- und Anbauten veränderten das ursprüngliche Aussehen. Im 18. Jh. veranlasste Maria Theresia, eine Förderin der Künste und Wissenschaften, zudem eine einheitliche klassizistische Fassadengestaltung.

Tipp In den Bars und Cafés rund um die Universität trifft man sich auch am Abend.

Vom *Dom zu **San Michele

Über die Piazza Leonardo da Vinci kommt man zu einem der **Geschlechtertürme,** die einst die Stadt überwachten, von denen aber nur noch wenige erhalten sind. Zur Piazza del Duomo gelangt man wieder durch den Corso Strada Nuova.

Die Kuppel des mächtigen ***Doms,** Wahrzeichen der Stadt, ist schon von weitem zu sehen. 1488 begannen die Bauarbeiten nach Plänen Bramantes und Leonardo da Vincis, das Querhaus fügte man erst 1936 hinzu. Im Frühjahr 1989 stürzte die hohe, mittelalterliche Torre Civica ein, die die Stadtlandschaft entscheidend prägte.

Weitaus besser steht es da um die Piazza della Vittoria mit der prachtvollen Fassade des **Broletto,** östlich des Doms. Es ist das älteste Rathaus der Lombardei und entstand im 11. Jh.

Setzt man seinen Spaziergang in südlicher Richtung zum Ticino fort, kommt man zur Via Cardano und zur Kirche **San Teodoro,** einem romanischen Bau von 1150, der in seinem Innern ein berühmtes Fresko von Bernardino Lanzani birgt. 1522 malte der Künstler Pavia aus einer erhöhten Per-

3

Seite 82

Studium Generale: die **Universität von Pavia

Plätschernde Brunnen, weinumrankte Säulen, Arkadengänge, freskengeschmückte Hörsäle, eine alte Bibliothek, Büsten ehrwürdiger Gelehrter, knarrende Holzböden – Pavia hat nach Bologna die zweitälteste Universität Italiens. 1361 wurde sie von Gian Galeazzo Visconti ins Leben gerufen, doch bereits aus dem Jahre 825 ist eine höhere Bildungsanstalt urkundlich überliefert. Zu den berühmtesten Studenten gehörte der Autor der *commedia dell'arte,* Carlo Goldoni (1707–1793), der allerdings von der Universität wieder verwiesen wurde, weil er die Frauen Pavias mit seinen bissigen Satiren übergoss. Heute genießt die Lehranstalt vor allem auf den Gebieten der Medizin und der Ingenieurwissenschaften Weltruhm. 25 000 Studenten aus aller Welt sind in Pavia eingeschrieben – dass sie das Leben dieser nur 100 000 Einwohner zählenden Stadt nachhaltig prägen, liegt auf der Hand. Respekt ruft nicht nur die Universität, sondern auch so manche Unterkunft der Studenten hervor. Rund ein Dutzend Kollegien gehören zu den schönsten Bauwerken der Stadt, darunter mächtige Renaissancepaläste oder Stadtpalais aus der Habsburgerzeit. Auf die Zugehörigkeit zum richtigen Kolleg wird sehr viel Wert gelegt im italienischen Cambridge, und wer sich dem Collegio Borromeo oder Ghislieri zugehörig zählt, der ist sich auch dessen bewusst, dass er zu den Besten der Besten gehört.

Der Dom mit seiner mächtigen Kuppel, Wahrzeichen Pavias

San Michele, eine der ältesten romanischen Kirchen Europas

3
Seite 82

spektive mit all den Wehrtürmen und der regelmäßigen Stadtanlage. Im Vordergrund erhebt der hl. Antonius Abbas, der zu den Schutzpatronen Pavias gehört, segnend seine Hand.

Die Via Portici führt nun direkt zum Ticino, den hier der *ponte coperto,* eine so genannte gedeckte Brücke, überspannt. Sie wurde 1951 erneuert, nachdem die ursprüngliche, noch auf die Römerzeit zurückgehende Brücke im Zweiten Weltkrieg zerstört worden war.

Folgt man dem Corso Garibaldi, so gelangt man zu der bedeutendsten Kirche Pavias, einer der ältesten romanischen Kirchen Europas (langobardischer Bau des 7. Jhs.): ****San Michele.** Das Äußere des Gotteshauses zeigt Witterungs- und Umweltschäden ebenso wie Spuren von Feuersbrünsten. Die Fassade besticht durch eine stolze Schlichtheit mit einer in sich ruhenden, regelmäßigen Formensprache. Bei der Gestaltung der Portale überwiegen profane und mythologische Themen – auf biblische Motive trifft man hier selten. Einen besonders schönen Übergang vom Irdischen zum Himmlischen findet sich im Reliefschmuck der Kapitelle, die von ursprünglicher Kraft sind.

i **APT,** Via F. Filzi 2, Tel. 0 38 22 21 56, Fax 0 38 23 22 21, www.aptpavia.it

Ariston, Via A. Scopoli 10 d, Tel. 0 38 23 43 34, Fax 0 38 22 56 67, www.aristonpavia.it. Hotel in zentraler Lage mit allem Komfort. ❍❍❍

▮ **Excelsior,** Piazzale Stazione 25, Tel. 0 38 22 85 96, Fax 0 38 22 60 30, www.excelsiorpavia.com. Hotel der Mittelklasse, mit Tradition. ❍❍

▮ **Aurora,** Viale Vittorio Emanuele II 25, Tel. 0 38 22 36 64, Fax 0 38 22 12 48. Sympathischer Familienbetrieb in der Altstadt. ❍–❍❍

Antica Osteria dei Previ, Via Milazzo 65, Tel. 0 38 22 62 03. Älteste Osteria Pavias am Ufer des Ticino. Deftige Hausmannskost. ❍❍

Nightclub Scorpion, Vicolo Porta Stoppa 1. Freitags und samstags junge Musikgruppen.

*Lomello ⑳

Im Westen Pavias schließt sich das Flachland der Lomellina an. Lomello spielte als Stützpunkt an der Hauptverbindungsstraße von Pavia nach Gallien unter den Römern und im frühen Mittelalter eine wichtige Rolle. Die Bedeutung der Stadt verrät heute noch die berühmte Kirche **Santa Maria Maggiore,** die zu den ältesten Bauten romanischer Sakralarchitektur in der Lombardei zählt. Der Backsteinbau mit dem benachbarten ***Baptisterium San Giovanni ad Fontes,** einem Oktogon mit sechseckigem Taufbecken, strahlt monumentale Kraft und Würde aus.

Santa Maria Maggiore entstand Mitte des 11. Jhs. und war in den Wehrkomplex der nahen Burg einbezogen – daher ihre mächtigen, scheinbar unumstößlichen Mauern. Das ehemalige **Castello** ist heute Sitz der Kommune.

Alessandria ㉑

Die betriebsame Hauptstadt der gleichnamigen Provinz im Piemont (98 000 Einw.), 112 km, ist vor allem durch den *Borsalino* berühmt geworden, der 1865 aus der Werkstatt des Hutmachers Giuseppe Borsalino seinen Eroberungszug um die ganze Welt angetreten hat. Sie ist heute leider nicht mehr zu besichtigen, doch gibt es ein **Museo del Cappello** (Via Cavour 84, Tel. 01 31 25 37 08). Neben Hüten sind die Silberarbeiten aus Alessandria ein Exportschlager.

Handel brachte der Stadt auch im Mittelalter einen ansehnlichen Reichtum. Alessandria lag an der Straße nach Genua und war vom Lombardischen Städtebund im 12. Jh. planmäßig gegen die Markgrafen des Monferrato ausgebaut worden. Doch die bedeutende Republik konnte dem Druck des übermächtigen Mailand nicht mehr standhalten und musste sich daher für mehrere Jahrhunderte der Herrschaft der Lombarden unterwerfen.

Alessandria, Stadt des weltberühmten Borsalino

1708 kam Alessandria unter die Herrschaft der Savoyer und wurde zu einer einzigen Grenzfestung ausgebaut, der die gewachsene mittelalterliche Stadt weichen musste. Das Zentrum markiert heute die rechteckige **Piazza della Libertà** mit dem Rathaus, die einen ersten Vorgeschmack auf die weitläufigen Plätze und die großzügigen Straßenzüge des 19. Jhs. gibt.

APT, Via Savona 26, Tel. 01 31 25 10 21, Fax 01 31 25 36 56.

Il Grappolo, Via Casale 28, Tel. 01 31 25 32 17. Restaurant mit feinster Küche in einem Palazzo aus dem 16. Jh. ○○○

3
Seite 82

▮ **La ben pensata,** Via Genova 4, Tel. 01 31 61 98 11. In der Osteria im Vorort Spinetta Marengo kann man sehr gut speisen. Vor allem die Antipasti sind zu empfehlen. ○○

Acqui Terme ㉒

Der bedeutende Kurort im südlichen Monferrato, 147 km, schon im Altertum wegen seiner Moorbäder und seines Wassers aus dem »Großen See der Quellen« geschätzt, hat sich den Zauber alter Zeiten bewahren können. Die **Thermen** liegen an der Piazza Italia 1 (Tel. 01 44 32 43 90). Plinius, Seneca, Tacitus und Paulus Diaconus mehrten mit ihren Besuchen den Ruhm des Ortes, der seine Gäste mit einst 10 km langen römischen Bogen empfing, von denen heute leider nur noch die Pfeilerarkaden erhalten sind. Mehr Funde aus der Römerzeit stellt das **Archäologische Museum** aus, das seinen Sitz in der Burg der Paleologhi aus dem 11. Jh. hat (Di–So 9.30–12.30 und 15.30–18.30 Uhr).

Einen Besuch lohnt auch der **Dom,** dessen Apsis ebenso wie der Unterbau seines Campanile noch aus dem 11. Jh. stammt. Und wer das schwefelhaltige, salzige und heiße Wasser der sprudelnden Quellen, der *Bollente,* getrunken hat, wird sich freuen, dass es in Acqui Terme auch noch so ungeheuer süße Spezialitäten gibt wie die *baci Acquesi,* die den Gaumen wieder zu neuem Leben erwecken.

i **APT,** Corso Italia 8, Tel. 01 44 32 21 42, Fax 01 44 32 21 43.

La Curia, Via alla Bollente 72, Tel. 01 44 35 60 49. Spezialität sind hier die Sardellen in Kräutersauce. ○○

Nach Asti

Durch eine vielgestaltige Hügellandschaft des Monferrato führt die Tour vorbei an einer Reihe von Bergdörfern sowie über Nizza Monferrato und Costigliole d'Asti nach Asti. Auf diesem letzten Abschnitt säumen zahlreiche romantisch gelegene Burgen und romanische Kirchen die Wegstrecke. **Nizza Monferrato** ㉓ ist ein nettes Marktstädtchen mit kleinen Gassen und Lauben, **Costigliole d'Asti** ㉔ präsentiert stolz seine Burg aus dem 14. Jh., die aber später umgebaut wurde.

Tipp Wer von den Weinen der Gegend kosten möchte, sollte die **Enoteca** in der Burg besuchen, zu der ein gutes Restaurant gehört.

*Asti ㉕

Die Stadt (74 000 Einw.), 190 km, ist von der Industrialisierung des 20. Jhs. weitgehend verschont geblieben und bewahrt sich im ganzen Stadtbild einen mittelalterlichen Charakter. Die überall aufragenden Türme brachten Asti den Ruhm des »San Gimignano del Piemonte« ein.

Im 12. Jh. entwickelte sich Asti zur mächtigsten Stadtrepublik des Piemont, wovon die türmebewehrten romanischen sowie die gotischen Häuser am Recinto dei Nobili (s. rechts) zeugen. 1342 geriet die Stadt nach langen Kämpfen zwischen den Ghibellinen und Guelfen unter die Herrschaft der Mailänder Visconti. Die Fremdherrschaft brachte Asti eine letzte kulturelle Blütezeit, bevor es unter der zentralistischen Herrschaft der Savoyer in einen Dornröschenschlaf verfiel.

Bekannt ist der Name Asti in Zusammenhang mit Rebensaft – die

3 Seite 82

stadt ist Zentrum des Weinanbaugebiets Monferrato, wo Barbera, Dolcetto, Cortese, Grignolino, Freisa, Malvasia und Moscato gekeltert werden. Die Weinhandlungen der Stadt haben ein breiten Angebot. Der Asti spumante spielt in seiner Heimatstadt natürlich die Hauptrolle (s. auch S. 6).

Piazza I. Maggio

Am Platz befand sich einst das Hospital der Stadt. Heute ist hier noch das dazugehörige Baptisterium (1160) erhalten, das die Bauformen der Grabeskirche von Jerusalem adaptiert. Im Osten birgt eine kleine Kirche die Statuen aus den Werkstätten der *Maestri antelami* von 1200.

Piazza Vittorio Alfieri

Der nach dem hier 1749 geborenen Tragödiendichter und Lebemann benannte dreieckige Platz ist Ausgangspunkt für einen Spaziergang durch die Altstadt.

Wer einen Kaffee trinken möchte, kehrt in das **Antico Caffè Ligure,** eine der ältesten Bars am Platze, ein oder in die **Enoteca Douja d'Or,** auch an der Piazza, wo die Winzer aus dem Umland Wein anbieten.

Recinto dei Nobili

Das Viertel der reichen Handeltreibenden schließt sich nun um den Corso Alfieri an, die Hauptstraße des alten und neuen Asti. Einst ragten 120 Türme aus den engen Gassen, von denen heute nur noch wenige erhalten sind. Einer der bedeutendsten ist die **Torre Rossa di San Secondo,** die als letzter erhaltener Turm der römischen Stadtbefestigung neben einer barocken Kirche emporragt. In einer Seitenstraße macht sich die Kirche **San Secondo** mit ihrer ausladenden Fassade am alten Marktplatz Astis breit.

Von der Piazza Roma zu San Giovanni

Der Corso Alfieri öffnet sich zur Piazza Roma, die ein mächtiger Turm überragt. Hier liegt das Wohnhaus Vittorio Alfieris, heute ein Museum mit persönlichen Dingen des Dichters und zahlreichen Handschriften (Di–Fr 10–12, 15.30–17.30 Uhr, Sa/So 10 bis 12 Uhr). Im nahen **Palazzo Mazzetti di**

3
Seite 82

Prickelndes Parlando

»Blumen um Mitternacht für mich, es sieht so aus, als wären sie für mich – mit Grüßen von wem? Wir wissen nicht, von wem ... Ich bin neu in der Stadt. Ich fühle, dass sie nicht die meine ist«, singt Paolo Conte mit ächzender, herb und herrlich melancholischer Stimme hinter dem Klavier. Keine Stadt wird je die seine sein, außer natürlich Asti, aus dem er stammt und dessen wortkarges Leben von vorgestern er über alles liebt. Der von Zitroneneis und vielen Träumen singende Rechtsanwalt ist nicht nur in seiner Heimat seit langem ein Star. Denn auch das Publikum nördlich der Alpen liegt dem Bluesbarden längst zu Füßen. Prickelnd wie der Schaumwein aus Asti kann Conte bei seinen besten Liedern sein, wenn er tröstet und brummt, über das Klavier perlt, mit gebrochener Stimme singt und dabei seinen eigenen Klangbildern zu lauschen scheint.

Frinco (C. Alfieri 357) ist eine kleine, aber sehenswerte Pinakothek mit Werken piemontesischer Künstler untergebracht.

Über die Via Carracciolo gelangt man zur Kathedrale ***SS. Maria Assunta e Gottardo,** einem grandiosen Bau mit beeindruckender Raumwirkung, 1309 anstelle eines um 800 begonnenen Vorgängerbaus errichtet. Dem Domplatz wendet sie sich mit dem spätromanischen Campanile und der prachtvollen gotischen Vorhalle zu. Im Innern ist ein romanisches Taufbecken erhalten. Die illusionistischen Rokokofresken von 1764 haben Kunsthistoriker in Entsetzen wie in Entzücken gestürzt. Wenn man zu all den Heiligen, Propheten oder Bischöfen aufblickt, wird man wohl selbst zwischen beiden Extremen schwanken.

3 Seite 82

APT, Piazza Vittorio Alfieri 34, Tel. 01 41 53 03 57, Fax 01 41 53 82 00.

Aleramo, Via E. Filiberto 13, Tel. 01 41 59 56 61, Fax 0 14 13 00 39, www.hotel.aleramo.it. Zentral gelegenes Hotel mit allem Komfort. OO

Palio, Via Cavour 106, Tel. 0 14 13 43 71, Fax 0 14 13 43 73, www.hotelpalio.com. Komfortable Unterkunft im historischen Zentrum. OO

Fratelli Rovero, Valdonata-San Marzanotto, Tel. 01 41 53 01 02. Hier schläft man auf dem Bauernhof, bekannt für Wein und Grappa. OO

Gener Neuv, Lungo Tanaro 4, Tel. 01 41 55 72 70. Hervorragende Küche für Feinschmecker. Mit Blick auf den Fluss. OOO

Barolo & Co, Via Cesare Battisti 14, Tel. 01 41 59 20 59. Stimmungsvolles Ambiente und vorzügliche Küche. OO

Tour 4

Kirchen & Klöster in der Poebene

Mailand → Vigevano → Novara → *Vercelli → Chivasso → Turin (170 km)

Die Tour führt durch das landschaftlich etwas öde anmutende Gebiet zwischen Mailand und Turin. Dafür machen einige Städte und Orte in dieser Gegend den mangelnden landschaftlichen Reiz mit einer außergewöhnlichen Schönheit wieder wett. So gilt die Piazza Ducale in Vigevano als schönster Platz der Frührenaissance; ihre Gestaltung wird Leonardo da Vinci zugeschrieben. Wer sich bis hier die Sohlen durchgelaufen hat, findet in Vigevano sicherlich ein Paar neue Schuhe – über 1000 Hersteller machen aus dem Ort ein Zentrum der italienischen Schuhproduktion. Über Novara mit seinem vor allem durch das 19. Jh. geprägten Stadtbild fährt man weiter durch eine Landschaft von Reisfeldern, bis Vercelli auftaucht, eine charmante Kleinstadt, in der 1219 eine große gotische Kirche entstand. Die Himmelstürmerei der Gotik prägt auch den mittelalterlichen Stadtkern von Chivasso, einem kleinen Städtchen an der Grenze zum nördlichen Monferrato. Die Tour ist gut in einem Tag zu schaffen.

Vigevano ㉖

Der Schuhleim und das Leder ergeben eine Duftmischung, die bisweilen schwer über der Stadt (36 km) hängt.

Schönster Platz der Frührenaissance: die Piazza Ducale von Vigevano

Wer sich auch für museale Schuhe interessiert, kann das **Museo Civico** am Corso Cavour 82 besuchen, in dem eine Abteilung die Geschichte der Fußbekleidung aufschlüsselt (Di bis So 9.30–12.30 und 15.30–18.30 Uhr). Die im 20. Jh. im Zuge der Schuhproduktion sprunghaft auf knapp 60 000 gestiegene Einwohnerzahl – Vigevano ist unumstritten Italiens *numero uno* in Sachen Schuhe – spiegelt sich in einer traurigen Zersiedelung des Stadtbildes.

Ganz anders präsentiert sich das historische Zentrum mit der ****Piazza Ducale,** dem ersten Platzensemble der italienischen Renaissance. Ludovico il Moro gab 1492 die Piazza Ducale in Auftrag. Auf wen der Entwurf der Piazza zurückgeht, ist nicht gesichert. Die tief greifende Harmonie der Bauten, die vom warmen Ocker der Fassaden noch betont wird, und das menschliche Maß der Piazza deuten aber mit großer Wahrscheinlichkeit auf Leonardo da Vinci hin.

Das **Castello,** das schon unter den Visconti als Wehrfestung genutzt wurde, ließ Lodovico il Moro von Bramante 1491–1494 um- und ausbauen. Der Künstler fügte vor allem den charakteristischen Turm an, den man samstags und sonntags auch besteigen kann.

Nuovo Hotel, Corso Tagliatti 21, Tel. 03 81 32 50 26, Fax 03 81 31 18 97, www.nuovohotelvigevano.com. Das Preis-Leistungs-Verhältnis stimmt. ○○

I Castagni, Via Ottobiano 8/20, Tel. 0 38 14 28 60. Vorzügliches Restaurant mit den feinsten Risotto-Gerichten. ○○

Novara ㉗

4

Seite 82

Durch die fruchtbare Ebene führt die Tour weiter in die zweitgrößte Stadt des Piemont (103 000 Einw.), 72 km. Das Stadtbild ist weitgehend einheitlich im Stil des 19. Jhs. gehalten, als im Zuge der Stadterneuerung die Festungsmauern abgetragen wurden und an ihrer Stelle neue, barocke und klassizistisch geprägte Straßenzüge entstanden. Kirchen des Mittelalters, wie etwa den bedeutenden romanischen Dom aus dem 12. Jh., riss man im Taumel des urbanen Neubeginns gleich mit ab.

Alessandro Antonelli errichtete den klassizistischen **Dom,** der kulissenhaft wirkt, weil er ohne Einbindung in sein Umfeld geblieben ist. Im Chorraum sind wunderschöne Fußbodenmosaiken eines Vorgängerbaus erhalten, die Vögel, den Sündenfall sowie Personifikationen der Paradiesflüsse und Evangelistensymbole darstellen. Das **Baptisterium** gegenüber dem Dom stammt aus dem 5. Jh., im 10. Jh. wurde ihm jedoch noch der Tambour aufgesetzt. Kuriosität des Domplatzes ist eine hohe Säule, »die schwitzt« *(la*

Die Basilika San Gaudenzio in Novara

Seite 82

colonna che suda), damit die Luftfeuchtigkeit anzeigt und sozusagen einen Wetterbericht erstellt.

Der **Broletto,** das Rathaus von Novara, das die wichtigsten Regierungsgebäude des Mittelalters umfasst, liegt an der Piazza della Repubblica. Der malerische Komplex vermittelt noch heute etwas von der einstigen Größe und dem Ruhm Novaras als freier Stadtrepublik. Kernbau des Broletto ist der Palazzo del Comune von 1208, dessen Fassade rhythmisch von vier Triforienfenstern gegliedert wird, die zum ehemaligen Ratssaal gehörten. Der Palazzo dei Paratici steuert der Gesamtwirkung des Broletto seine elegante Loggia bei, der Palazzo del Podestà den reichen Fassadenschmuck mit Spitzbogenfenstern in Terrakottarahmungen sowie Fresken, die verschiedene Wappen zeigen. Heute haben das Museo Civico sowie die Galleria d'Arte moderna ihren Sitz im alten Rathaus (Di–Sa 10–13 und 16 bis 19 Uhr).

Über den Corso Italia, eine elegante Geschäftsstraße, gelangt man in die Via Gaudenzio, die zur Basilika ***San Gaudenzio** führt. Die dem Stadtpatron geweihte Kirche führt vor Augen, dass Novara nicht erst seit dem 19. Jh. die Bauherren und Architekten zu Größenwahnsinn verleitete. Bereits Pellegrino Tibaldi fühlte sich offenbar zur Größe verpflichtet, als er 1577 mit einem Kirchenbau in der Stadt beauftragt wurde. Antonelli setzte ihr zweieinhalb Jahrhunderte später die riesige Vierungskuppel auf, Novaras weithin sichtbares Wahrzeichen. Man sollte sie bis nach Vercelli sehen, der Konkurrentin aus dem Mittelalter.

Azienda Turistica Locale, Via Dominioni 4, Tel. 03 21 62 33 98.

Italia, Via Solaroli 8, Tel. 8 00 63 28 65, Fax 03 21 39 93 10. Bestes Hotel Novaras mit allem Komfort. ❍❍❍

Caglieri, Via Tadini 12, Tel. 03 21 45 63 73. Bester Ort für Risotto-Spezialitäten und andere Köstlichkeiten der Region. ❍❍

Novara ist Hauptstadt des Gorgonzola. Die größte Auswahl an Schimmelpilzkäse findet man bei **Moroni,** Via Negroni.

Auflug zum **Lago Maggiore ㉘

Von Novara bietet sich ein Ausflug an die **Riviera des Lago Maggiore** an (32 km nördlich). Landstrich mit seiner subtropischen Flora, deren Schönheit schon vor Jahrhunderten den Adel aus aller Welt anzog. Großartige Villen, eingebettet in einen majestätisch weiten Landschaftsrahmen, der den

Die Isola Bella im Lago Maggiore macht ihrem Namen alle Ehre

4

Seite 82

Blick bis auf die Schweizer Alpen freigibt, zeugen davon. Ein Bild von der vielfältigen und interessanten Flora können Sie sich am besten im Botanischen Garten der **Villa Taranto** in Verbania machen.

Die Spezialität der **Osteria dell'Angelo** (Via Garibaldi 35, Pallanza, Tel. 03 23 55 63 62) sind Fische aus dem Lago Maggiore. Probieren Sie aber auch den Orangenstrudel. ○○

An der Grenze zur Schweiz liegt der kleine Ort ***Cannobio,** der sich auf dem Schwemmkegel am Ausgang der Val Cannobina erstreckt. Sonntags ist hier Markt, auf dem man von Schuhen bis zum Kupferkessel alles findet. Cannobios bedeutendste Sehenswürdigkeit ist indes die Kirche Santa Pietà gleich neben dem Schiffsanleger, die ein gotisches Gnadenbild auf Pergament bewahrt, das als wundertätig verehrt wird. Entsprechend prachtvoll fällt die Architektur der Kirche aus, die ursprünglich auf Pellegrino Tibaldi (1571) zurückgeht, jedoch mehrmals verändert wurde. Zu einem Bummel lädt der historische Stadtkern ein.

Antica Stallera, Via P. Zaccheo 9, Tel. 032371595. Zum romantischen Hotel gehört ein exzellentes Restaurant mit schönem Garten. ○○

Tibaldi baute auch den Palazzo auf der **Isola Madre,** eine der Borromäischen Inseln. Die vielbesungenen Eilande im Golf vor Stresa gehören zum Schönsten, was der Lago Maggiore zu bieten hat, und die Schönste der Schönen ist ****Isola Bella,** auf der Natur und Kultur zu einem Gesamtkunstwerk verschmolzen sind. Im Barock galt die größte der Borromäen als Weltwunder und entlockte Alexandre Dumas die Worte: »Dies ist ein Ort unvergleichlichen Zaubers.«

Die Borromäischen Inseln erreicht man mit Schiffen und Tragflächenbooten von fast allen größeren Uferorten.

Tipp Zwischen Intra, nicht weit von Verbania entfernt, und Laveno verkehren **Autofähren,** empfehlenswert für Reisende, die nicht den See umfahren möchten, um ans lombardische Ufer zu gelangen.

Das Ostufer des Lago Maggiore ist weniger sonnenverwöhnt als das un-

Marktbummel in Luino

gleich prachtvollere Westufer und gibt sich urwüchsiger. In **Laveno** können sich Liebhaber von Keramik mit Vasen, Tellern, Tassen oder Töpfen eindecken. Hauptort des Ostufers ist **Luino.** Kunsthistorisch hat die Stadt wenig zu bieten, doch hält man sich hier gerne auf, um am lebhaften Alltag teilzuhaben. Jeden Mittwoch ist hier Markt. Hinter Luino gibt es zahlreiche Möglichkeiten zu baden, auf Felsen in der Sonne zu liegen oder sich am Kiesstrand im Schatten der Bäume einen Platz am See zu suchen.

4
Seite 82

Pizzeria Sibilla, Corso XXV Aprile 81, Luino, Tel 03 32 53 10 01. Gute Pizza aus dem Holzofen. ❍❍

Auf senkrecht abfallenden zerklüfteten Felsen thront südlich von Laveno die Wallfahrtskirche **Santa Caterina del Sasso,** die ein reicher Tuchhändler im 12. Jh. stiftete, weil ihn der Himmel aus der Seenot rettete. Die Fresken im Innenraum stammen aus dem 14. Jh.

*Vercelli ㉙

Nur wenige Kilometer südwestlich von Novara taucht aus der endlos erscheinenden Weite der Reisfelder Vercelli (40 000 Einw.), 95 km, auf. Es ist das Zentrum der italienischen Reisproduktion, und die Asiaten, die man hier in der Stadt sieht, kommen weniger der Sehenswürdigkeiten wegen als vielmehr, um Reis einzukaufen.

In der Vergangenheit war Vercelli oftmals ein militärischer Stützpunkt verschiedenster Völker und politischer Lager an der Grenze zur Lombardei und am Zusammenfluss von Sesia und Cervo. Ende des 16. Jhs. ließ Carlo Emanuele I den kleinen Ort gar ganz als Festung gegen das feindliche Mailand ausbauen. Unter bauästhetischen Gesichtspunkten war die Eroberung Vercellis durch die Franzosen im Spanischen Erbfolgekrieg daher ein Glück für die Stadt, denn die Okkupanten sprengten die Befestigungsanlage samt Zitadelle einfach in die Luft. An ihrer Stelle führen heute grüne Alleen um den historischen Kern.

Von den einst feindseligen Zeiten zeugt allein noch das **Castello** der Visconti aus dem 14. Jh., in dem heute der Justizpalast seinen Sitz hat.

Von der Piazza Cavour zu **Sant'Andrea

Die arkadengesäumte Piazza Cavour wird vom schönsten Geschlechterturm Vercellis, der **Torre dell'Angelo,** überwacht. An der nahe gelegenen **Piazza San Marco** liegt eine bezaubernde Markthalle: Unter den Rippengewölben der weiten Schiffe einer ehemaligen Kirche werden Geflügel, Wild, Käse, Obst und Gemüse angeboten.

Auf der Piazza Biccheri präsentiert sich eine der schönsten Kirchen Oberitaliens: ****Sant'Andrea.** Der Vercelleser Bischof Guala Biccheri, ein gefragter Berater an den Höfen Europas, hatte sie 1219 in seiner Heimatstadt in Auftrag gegeben. Der Baumeister ist leider nicht überliefert. Acht Jahre später waren die Arbeiten bereits abgeschlossen.

Sant'Andrea markierte eine kleine architektonische Revolution: Ihr *Innenraum wurde als einer der ersten in Italien nach gotischer Raumauffassung gestaltet. Und obwohl der Außenbau noch nach den Prinzipien der Romanik errichtet ist, gelang dem Baumeister eine Kirche von großer stilistischer Klarheit, die den epochemachenden Übergang der beiden Kunstrichtungen in großer Harmonie vollzieht.

Man muss die Kirche einmal ganz umkreisen, um in den spannungsvollen Pendelgang zwischen dem basilikalen Baukörper und den dekorativen Elementen wie den Fialen oder den Zwerggalerien sowie dem perspektivischen Wechselspiel der vier Türme gezogen zu werden.

Gegenüber dem Hauptportal ist noch das **Hospiz** aus dem 13. Jh. mit der freskengeschmückten Sala Ducentesca erhalten, die allerdings nur im Rahmen von Konzerten besichtigt werden kann.

Von Sant'Eusebio zum Museo Leone

Der Weg zum Dom **Sant'Eusebio** führt durch den Stadtpark. Der Dom schiebt sich zwar mit seiner monumentalen klassizistischen Vorhalle in den Blickpunkt, überzeugen kann die Anlage jedoch nicht. Vielmehr lässt einen die »kalte Herrschaftsarchitektur« frösteln, die unmittelbar nach dem Konzil in Trient entstand und der eine romanische Basilika weichen musste. Geblieben ist allein der alte Campanile und ein mit Goldblech beschlagenes Kruzifix von großer Ausstrahlung.

Versöhnlich stimmt nach dem missratenen Dom die Renaissancekirche San Cristoforo, zu der die Hauptgeschäftsstraße Vercellis, der Corso Libertà, führt.

Man sollte einen Blick in den Innenhof der **Casa Centori** (Nr. 204) werfen, der mit seinen Friesen, Rundbogen und Terrakottadekorationen ein Meisterwerk der Baukunst darstellt. Wahrscheinlich entstand der Cortile für die

Seite 82

Überschwemmte Reisfelder

Dabei meint man doch immer, dass die Pasta Italiens Nationalgericht sei. Und da belehren einen Vercelli und die ganze Poebene, dass im Norden des Landes Reis ebenso gefragt ist. Man sieht es schon an den unendlich vielen Reisfeldern, aus denen die Städte im Frühsommer, wenn die Felder überflutet sind, wie eine Insel aus dem Meer ragen, im Hochsommer aus saftigem Grün und im Herbst nach der Ernte wie eine Oase aus der Steppe. Seit dem Mittelalter wächst Reis in der Gegend um Novara und Vercelli in solcher Fülle wie nirgendwo sonst in Europa. Jeden Frühsommer werden die Wassermassen der großen Gebirgsflüsse Sesia und Ticino gestaut und in Tausende von Kanälen zur Überflutung der Felder geleitet – ein Schauspiel von einzigartiger Schönheit. Bis in die 1950er Jahre arbeiteten hier noch die *mondine*, Reisarbeiterinnen meist aus dem Süden, die, mit geschürztem Rock gebückt im hohen Wasser stehend, den Reis ernteten. Der Filmemacher Giuseppe de Sanctis setzte den von Malaria bedrohten und von den *padroni* ausgebeuteten Arbeiterinnen mit seinem Film »Bitterer Reis« ein Denkmal.

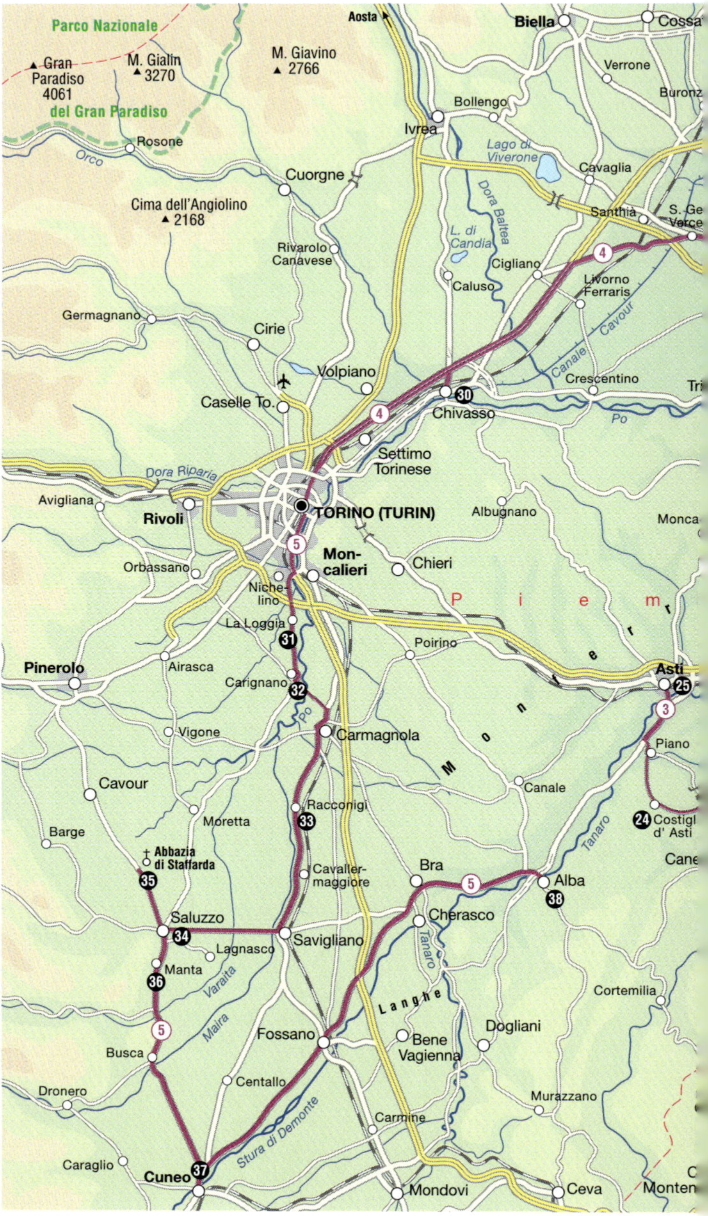
Parco Nazionale
del Gran Paradiso
Gran Paradiso 4061
M. Gialin 3270
M. Giavino 2766
Aosta
Biella
Cossa
Verrone
Buronz
Bollengo
Ivrea
Lago di Viverone
Cavaglia
Rosone
Orco
Cuorgne
Dora Baltea
Santhia
S. Ge Verce
Cima dell'Angiolino 2168
L. di Candia
Rivarolo Canavese
Cigliano
Livorno Ferraris
Caluso
Canale Cavour
Germagnano
Cirie
Volpiano
Crescentino
Tri
Caselle To.
Chivasso
Po
Settimo Torinese
Dora Riparia
Avigliana
Rivoli
TORINO (TURIN)
Albugnano
Monca
Mon-calieri
Chieri
Orbassano
Niche-lino
P i e m o n t
La Loggia
Poirino
Pinerolo
Airasca
Asti
Carignano
Vigone
Carmagnola
M o n f e r r a t o
Piano
Cavour
Canale
Racconigi
Moretta
Costigl d' Asti
Barge
Abbazia di Staffarda
Tanaro
Cane
Cavaller-maggiore
Bra
Alba
Cherasco
Saluzzo
Savigliano
Lagnasco
Manta
Varaita
Cortemilia
Langhe
Maira
Fossano
Bene Vagienna
Dogliani
Busca
Centallo
Dronero
Murazzano
Stura di Demonte
Carmine
Caraglio
Cuneo
Mondovi
Ceva
Monten
3
4
5
24
25
30
31
32
33
34
35
36
37
38

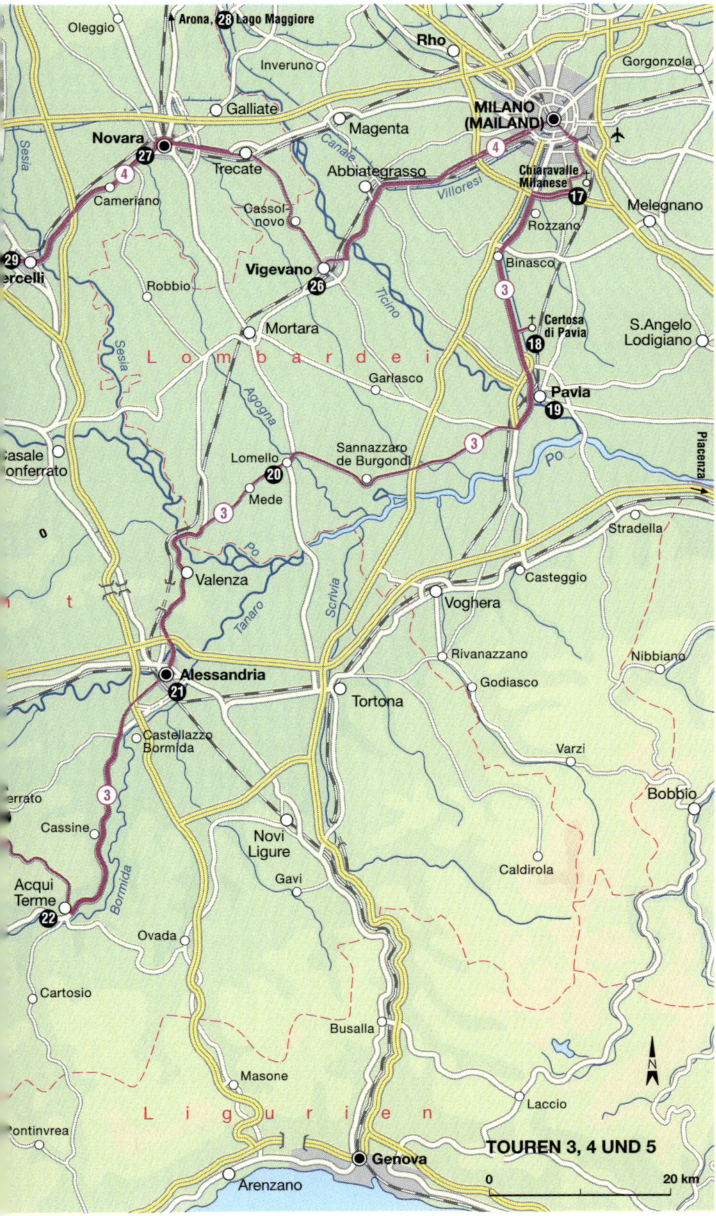
Arona, 28 Lago Maggiore
Oleggio
Inveruno
Rho
Gorgonzola
Galliate
MILANO (MAILAND)
Magenta
Novara
Trecate
Abbiategrasso
Chiaravalle Milanese
Cameriano
Cassolnovo
Villoresi
Melegnano
Rozzano
Vercelli
Vigevano
Robbio
Binasco
Mortara
Ticino
Certosa di Pavia
S.Angelo Lodigiano
Sesia
Lombardei
Garlasco
Pavia
Agogna
Casale Monferrato
Lomello
Sannazzaro de Burgondi
Po
Piacenza
Mede
Stradella
Valenza
Casteggio
Voghera
Tanaro
Scrivia
Rivanazzano
Nibbiano
Alessandria
Godiasco
Tortona
Castellazzo Bormida
Varzi
Bobbio
Cassine
Novi Ligure
Acqui Terme
Gavi
Caldirola
Bormida
Ovada
Cartosio
Busalla
Masone
Laccio
Ligurien
Pontinvrea
Genova
Arenzano
TOUREN 3, 4 UND 5
0
20 km

4

Adelsfamilie nach einem Entwurf Bramantes.

San Cristoforo stammt aus dem 16. Jh., wurde aber im Spanischen Erbfolgekrieg stark in Mitleidenschaft gezogen und im 18. Jh. dann barock ausgeschmückt. Im Querhaus sind die großartigen Wandmalereien von Gaudenzio Ferrari erhalten, dem bedeutendsten Renaissancemaler des Piemont.

Wer auf den Geschmack piemontesischer Malerei und Geschichte gekommen ist, kann noch dem **Museo Borgogna** (Via A. Borgogna 8) und dem **Museo Leone** (Via G. Verdi 30) einen Besuch abstatten.

4

Seite 82

i **APT,** Viale Garibaldi 90, Tel. 0 16 16 46 31, Fax 0 16 16 46 32, www.provincia.vercelli.it

Il Giardinetto, Via Sereno 3, Tel. 01 61 25 72 30. Risottogerichte in allen Variationen. ○○

Chivasso ㉚

Romantisch am Ufer des Po und vor dem Hügelkamm des nördlichen Monferrato gelegen, ist Chivasso, 146 km, eine unbedeutende Kleinstadt. Man würde an ihr also wohl vorbeifahren, gäbe es da nicht die Kirche **Santa Maria Assunta e San Pietro.** Sie ist eine grandiose gotische Schöpfung des beginnenden 15. Jhs., deren Fassade üppig mit Terrakottaplastiken verziert ist. Den Innenraum schmückte der einheimische Renaissancemaler Defendente Ferrari mit einem vielgestaltigen Polyptychon, das eine Kreuzigung und Szenen der Passion zeigt.

! Kurz nach Chivasso ist Turin, 170 km (s. S. 38), erreicht.

Tour 5

Königliches im Piemont

Turin → La Loggia → Carignano → Racconigi → **Saluzzo → *Staffarda → **Manta → Cuneo → *Alba (162 km)

Nach einem Besuch der Landsitze des Hofadels, die im Settecento unter dem Eindruck des neu geschaffenen Königreichs der Savoyer rund um Turin entstanden, führt die Tour weiter nach Carignano, wo als Ausdruck glanzvoller Savoyerherrschaft ein monumentaler barocker Dom entstand. Hoch auf den Bergen, ganz am Westrand der Poebene, thront Saluzzo, die ehemalige Residenz der Markgrafen, die die Stadt zu einem kulturellen Zentrum ausbauen ließen. Rund um die Stadt verstreut ist eine Reihe von Burgen, von denen die schönste in Manta liegt. Auch die Landschaft des Piemont zeigt sich hier von einer grandiosen Seite mit imposanten Bergmassiven und hinabstürzenden Gebirgsflüssen. Über Cuneo, malerisch zu Füßen der Seealpen gelegen, führt die Tour durch die Langhe nach Alba. Man sollte sich für die Fahrt zwei Tage Zeit lassen, um auch die Landschaft zu genießen.

Von La Loggia nach Savigliano

Nahe der Straße im Südwesten Turins (s. S. 38) nach Carignano liegt der kleine Ort **La Loggia** ㉛, wo der Marchese Giuseppe Luigi Craneri 1769 ein prachtvolles Landschloss anlegen ließ. Die frühklassizistische Fassade wirkt durch ihre Rokokoreminiszenzen verspielt. Blickfang ist eine Loggia, auf die eine elegante Pappelallee hinführt.

Carignano ㉜

In unmittelbarer Nähe liegt das Landstädtchen, dessen Stadtkern noch ganzheitlich gotisch geprägt ist. Die eigentliche Sehenswürdigkeit ist hier der barocke Dom **SS. Giovanni Battista e Remigio** im mittelalterlichen Borgo. 1757 wurde er nach Entwürfen Benedetto Alfieris errichtet, der als ebenbürtiger Nachfolger Juvarras und Guarinis gilt. Die Einflüsse beider Barockgiganten spiegelt die Fassade wider: Die majestätische Weite und Klarheit des Domes ist der Formensprache Juvarras verpflichtet, die rhythmische Durchdringung der Fassade geht auf die Kompositionen Guarinis zurück.

Racconigi ㉝

Über Carmagnola, ein mittelalterliches Städtchen, das schon zu der historischen Markgrafschaft Saluzzo gehörte, erreicht man Racconigi mit seinem imposanten **Castello Reale,** das zu den bedeutendsten Schlossbauten des Piemont gehört. Fürst Carignano, einer der reichsten Männer des Piemont, verwandt mit dem Königshaus der Savoyer, beauftragte 1676 seinen Lieblingsarchitekten Guarino Guarini mit dem barocken Ausbau einer spätgotischen Wohnburg aus dem 15. Jh.

Spätere klassizistische Umbauten zerstörten die einheitliche Fassadengestaltung. Allein die Gartenfront gibt die Planung des großen Baumeisters noch unverfälscht wieder: Vor den geometrisch angelegten Beeten des französischen Parks entfesselte Guarini in der Schlossfassade ein Wechselspiel zwischen monumentalen, vorspringenden Eckpavillons und einem sich zurückziehenden gotischen Kernbau. Durch eine vertikal betonte Gliederung der Fassade scheint sich der Bau darüber hinaus gleichsam schwerelos in einer Aufwärtsbewegung zu befinden.

Der Dom von Carignano

Im Inneren entfaltet das Schloss eine großartige Pracht: Herkules und sein Figurenpersonal begrüßen den Besucher in der eleganten Eingangshalle. Unendlich viele Räume begleiten ihn in eine heroische Geschichte von Schlachten, Siegen oder mythologischen Begebenheiten, thematisiert in Fresken und Wandmalereien. Prunkvolle Bodenmosaike und wandgroße Reliefs machen das absolutistische Selbstverständnis sowie den unersättlichen Repräsentationswillen des damaligen Adels deutlich (Di–So 8.30–18.30 Uhr).

**Saluzzo ㉞

Auf dem Weg nach Saluzzo lohnt ein Stopp an der malerischen Piazza Santorre di Santarosa in **Savigliano,** gesäumt von Häusern aus dem 13. Jh.; der stolze Stadtturm verkündete einst weithin sichtbar die Freiheit der damaligen Stadtrepublik.

5

Seite 82

Schon von weitem wetteifern die Stadttürme Saluzzos, 66 km, um Höhe mit dem Massiv des Monviso und gestalten so ein sehr effektvolles Panorama. Die Stadt ist eine der schönsten des Piemont mit einem noch vollständig erhaltenen mittelalterlichen Stadtkern. »Salute e Luce« – Gesundheit und Licht – gaben Saluzzo aufgrund des milden Klimas und weichen Lichts sowie naher Heilquellen seinen Namen.

Es mag die besonders schöne geographische Lage am Osthang des Monviso gewesen sein, die die arduinischen Markgrafen dazu bewegte, ihre Residenz in Saluzzo anzusiedeln. Ökonomische oder strategische Gründe waren es jedenfalls nicht, denn Saluzzo liegt abseits der großen und wichtigen Handelswege. Für die Stadt, die trotzdem unter der Herrschaft der Markgrafen Ludovico I und Ludovico II in der zweiten Hälfte des 15. Jhs. eine große kulturelle Blütezeit erlebte, war ihre abseitige Lage von Glück: Als eine der wenigen Eroberungen der Savoyer blieb sie von deren absolutistischem Bauprogramm verschont.

5

Seite 82

Die Unterstadt

Dem hoch auf dem Berghang gelegenen alten Teil gesellte sich im 19. Jh. eine im Sinne der Aufklärung streng angelegte Unterstadt hinzu. Ihr Zentrum bildet der Dom **Santa Maria Assunta** an der lebhaften Piazza Risorgimento. Sie wird vom stattlichen, barocken Campanile überragt, der dem gotisch geprägten Dom westlich des Chors angefügt wurde. 1491 gab der kunstsinnige Markgraf Ludovico II die mächtige Kathedrale in Auftrag, die als letztes Werk der Gotik im Piemont entstand. Der Innenraum ist grandios in seinem Raumempfinden, so dass es bis heute unverständlich geblieben ist, warum die Brüder Gauteri aus Saluzzo Mitte des 19. Jhs. die Wände mit einer gotisches Maßwerk imitierenden Bemalung überzogen, die die Gesamtwirkung des Raumes stark beeinträchtigt.

Die Oberstadt

Durch die klassizistische **Porta Santa Maria** gelangt man zum alten Siedlungskern Saluzzos. Gassen ziehen sich den Berg hinauf in die Welt des Mittelalters. Die Oberstadt ist ein labyrinthisches Gewirr steiler Treppen, dunkler Bogengänge und enger Gassen, die sich um die Häuser winden, in einem Gewölbe enden oder sich unerwartet zu einem lauschigen Plätzchen öffnen. Von den Veranden der Häuser ergießt sich eine bunte Blumenpracht, was den Ort wie eine Kulisse für ein mittelalterliches Schauspiel erscheinen lässt. Hoch oben thront das **Castello** von Ludovico I und II, zu dem eine prachtvolle Straße, gesäumt von Adelspalästen und Repräsentationsbauten des 15. Jhs., hinaufführt.

Der Rat Saluzzos kam in dem mit Friesen und Fensterrahmungen geschmückten **Palazzo del Comune** an der Ecke zur Via S. Giovanni zusammen, auch wenn er nichts ohne das markgräfliche Einverständnis entscheiden konnte. In dem Renaissancebau nebenan war ursprünglich das Gefängnis der Stadt untergebracht. Die monochromen blauen Fresken symbolisieren die sieben freien Künste des Mittelalters: Musik, Astronomie, Geometrie, Arithmetik, Grammatik, Rhetorik und Dialektik. Nach ihnen wird der Palast heute Palazzo delle Arti genannt.

Folgt man nun der Via S. Giovanni, gelangt man zur **Torre del Comune,** die einen besonders malerischen mittelalterlichen Platz überragt.

Die romantische Oberstadt von Saluzzo

*San Giovanni

Die schlichte Kirche, deren Kernbau aus dem 13. Jh. stammt, hatte sich Ludovico II als Grablege seiner Dynastie auserwählt. Die ehemals dreischiffige gotische Stufenhalle erschien ihm aber nicht standesgemäß; so gab er 1472 einen neuen Chor in Auftrag, der die Kirche um das Doppelte verlängerte. Da sie aber mit ihrer Schmalseite zum Berg hin ausgerichtet war, bedeutete der Anbau ein unglaublich kompliziertes Unterfangen, bei dem auf der tiefer liegenden Straße ein neues Fundament gebaut werden musste, das das Langhaus abstützen konnte.

Der ****Innenraum** bietet aufgrund der Umbauten ein besonderes Raumerlebnis: Nachdem man das Portal durchschritten hat, steht man sozusagen schon mittendrin. Doch zunächst sollte man sich nochmals umdrehen, denn an der Innenwand der Fassade sind gotische Freskenreste aus dem 14. Jh. mit besonders fein gezeichneten Figuren erhalten.

5

Seite 82

Hauptattraktion der Kirche ist der aus grünlichen Kalksteinquadern gemauerte Chor, in den durch vier große Spitzbogenfenster Licht einfällt. In den Wänden des ersten Joches öffnet sich eine Nische mit dem prachtvoll gestalteten Grabmal für Ludovico II, das den Markgrafen liegend auf einem reliefverzierten Marmorsarkophag zeigt. Das gegenüberliegende Grabmal blieb leer. Die Markgräfin, für die es geplant war, musste aus Saluzzo fliehen und starb in Spanien.

Durch eine Tür im linken Seitenschiff gelangt man in den **Kreuzgang** der Kirche, der mit seinen Palmen äußerst mediterran anmutet. Der **Kapitelsaal** war eigentlich als Grablege der bedeutenden Familie Cavassa gedacht, doch die Pläne des ehrgeizigen Francesco Galeazzo sollten sich nicht erfüllen. Allein sein Vater fand hier ewige Ruhe. Er selbst wurde in Machtkämpfen um die Erbfolge als Liebhaber der Regentin Marguerite de Foix 1528 gefangen genommen und schließlich vergiftet.

Die Casa Cavassa bietet herrliche Ausblicke in die Umgebung

*Casa Cavassa

Neben der Kirche, in der Via S. Giovanni 5, liegt das ehemalige Stadtpalais jener Familie, die Casa Cavassa, heute ein **Museum,** das einen Einblick in die Wohnkultur der Renaissance gibt. Unter dem Motto der Cavassa »Droit quoy qu'il soit« (»Geradeaus, was immer auch sei«), über dessen Schriftzug ein Fisch gegen die Strömung schwimmt, führt der Weg zunächst in den eleganten **Arkadenhof,** der einen weiten Blick über Saluzzo und Umgebung bietet. Der Hausherr, Francesco Cavassa, hat sich hier in einer Reliefbüste verewigen lassen. Im Inneren sind nur noch die Ausmalungen im Stil der Renaissance im Originalzustand erhalten; alle Einrichtungsgegenstände stammen zwar aus dem 15. und 16. Jh., wurden jedoch erst später in das Haus gebracht.

In einem Seitentrakt des Museums wird Silvio Pellicos gedacht, eines in Saluzzo geborenen Schriftstellers, der sich politisch für die Einigung Italiens einsetzte und deshalb lange Jahre in österreichischer Gefangenschaft war.

Die **Burg** der Markgrafen von Saluzzo, eine einst imposante Befestigungsanlage aus dem 13. Jh., ist nicht mehr erhalten. Nur ein gedrungener gotischer Turm steht noch. An der Stelle des Castello entstanden 1828 ein Militärgefängnis und eine Kaserne.

APT, Via Griselda 8, Tel. 0 17 54 67 10, Fax 0 17 54 67 18.

Astor, Piazza Garibaldi 39, Tel. 0 17 54 55 06, Fax 0 17 54 74 50. Einfaches, aber gutes Hotel gegenüber dem Dom. ○○

Ostu dij Baloss, Via Gualtieri 38, Tel. 01 75 24 86 18. Hier werden aktuelle Trends der piemontesischen Küche serviert. ○○

La Taverna di Porti Scür, Via Volta 14, Tel. 0 17 54 19 61. Traditionsreiches Spezialitätenrestaurant unter den Portici des Marktes. Köstliche Gnocchi! ○○

Das *Kloster Staffarda ㉟

Von Saluzzo aus fährt man nach Paesana (22 km), einer Ortschaft, in der der bequemste Aufstieg in das Massiv des Monviso beginnt. Hier eröffnet sich eine grandiose Alpenlandschaft, die bereits den Römern aus strategischen Gründen und auch wegen ihrer Schönheit bekannt war. Am Fuße des Monviso liegt auch die Quelle des Po.

Nordwestlich von Saluzzo findet man nahe der ehemaligen Römerstraße über Cavour nach Turin, eingebettet in ein eindrucksvolles Bergmassiv, scheinbar vergessen die Zisterzienserabtei Staffarda. Sie ist vollständig erhalten, wurde aber mehrmals dem Geschmack der jeweiligen Zeit angepasst. Dennoch ist Staffarda eine einzigartige Klosteranlage, die den Übergang von der Romanik zur Gotik markiert.

Die Abtei wurde zu Beginn des 12. Jhs. gegründet. Aus dieser Zeit stammt noch die Fassade des Haupttors, das später zu einem Wohnhaus umgebaut wurde. Der innere Klosterbereich mit seinen Backsteinbauten umschließt drei aneinander grenzende Höfe. Im Norden des Klosterbereichs erhebt sich die romanische Kirche **Santa Maria,** eine weit ausladende Basilika, die in der Renaissance umgebaut wurde, sich die erdverbundene Kraft der Romanik aber bewahrte. Die Mönche schliefen in einem gemeinsamen Schlafsaal für 50 Personen, im **Dormitorium,** das das Obergeschoss des Kapitelhauses einnahm. In der Fraternei im Süden des Erdgeschosses kamen sie zu ihrer Arbeit zusammen; meist wurden hier heilige Texte abgeschrieben oder illustriert. Im **Refektorium** wurden die Mahlzeiten eingenommen; ein Fresko an der Ostwand erinnert an das Abendmahl. Im Konversenbau lebten die Laienbrüder, jene Angehörigen des Klosters, die keine Kleriker waren.

5 Seite 82

**Manta ㊱

Der kleine Ort wird im Westen von einer mächtigen Burg überragt, dem **Castello della Manta.** Die Markgrafen von Saluzzo hatten rund um ihre Residenz einen Kranz von Burgen anlegen lassen, der sie schützen sollte. Der Kern der Burg von Manta entstand bereits Ende des 13. Jhs. 1416 wurde sie zu einer prachtvollen Residenz erweitert, denn die Repräsentationsbedürfnisse der Markgrafen waren erheblich gewachsen. Ende des 16. Jhs. gestaltete man den ersten Stock im Stil der Renaissance mit Fresken und ornamentaler Wandmalerei. Das eigentliche Juwel der Burg liegt aber im zweiten Stock.

Der **Festsaal der Residenz wurde im Auftrag Valeranos von Manta 1430 mit einem großartigen Freskenzyklus geschmückt, der zu den bedeutendsten Wandmalereien *al fresco* der höfischen Gotik zählt. Vermutlich hat ihn Giacomo Jaquerio gemalt.

Die nach außen stark befestigte Burg und das kunstvoll gestaltete Innere, ausgestattet mit Fresken und wertvollen Möbeln sowie Teppichen und Büchern, entsprechen dem Trend der damaligen Zeit.

Das Wissen um den historischen Hintergrund mit dem päpstlichen Schisma von 1378, mit starken wirtschaftlichen Umschichtungen, blutigen Kriegen und Bürgerkriegen sowie allgemeinen politischen Wirrnissen, verdeutlicht, dass die Kunst vor allem dazu diente, hierzu bewusst eine Gegenexistenz zu gestalten. Sie beschwor in dieser Krisenzeit die Harmonie und Schönheit der Welt.

5

Seite 82

Die Fresken der Burg untermauern außerdem den Anspruch des eigentlich illegitimen Sohnes von Tommaso III von Saluzzo, Valerano, der rechtmäßige markgräfliche Nachfolger und Schlossherr von Manta zu sein. Valeranos Vater, Tommaso III, hatte 1394 in Gefangenschaft ein Versepos über einen irrenden Ritter, »Le Chevalier errant«, damals ein beliebtes Motiv, geschrieben, das von einem Ritter erzählt, der nach der Erfahrung weltlicher Laster an einen Hof der Tugenden kommt, wo er Personen aus Mythologie und Geschichte trifft. Auf diese Szene spielen die Wandmalereien in Manta an, die in neun überlebensgroßen Figuren die Helden des Epos porträtieren. Jeder dieser großen historischen Gestalten wie König David, Alexander der Große oder Julius Cäsar ist zudem mit einem Wesensmerkmal der acht Ahnherren aus dem Hause Saluzzo gekennzeichnet, als neunten Ahnherrn hat Valerano aber sich selbst darstellen lassen.

Der Freskenzyklus setzt sich fort mit den Gemahlinnen der Markgrafen, dargestellt als Delfina, Semiramis, Aetiope oder Lampeto. Alle Personen tragen unter ihren Kleidern Rüstungen, ein letzter, schon romantischer Rückgriff auf die Zeit der Ritter vor dem endgültigen Untergang dieses Standes. Denn auch die Höfe waren damals sehr beschäftigt mit ritterlichen Maskeraden und längst überholten Turnieren. Zu diesen traten, als Ritter verkleidet, die Markgrafen und Fürsten an, die zwar der Herkunft nach Adelige waren, längst aber keine Ritter mehr, deren Aufgaben und Tätigkeiten nur mehr spielerisch nachvollzogen wurden.

Gegenüber dem Freskenzyklus der Helden und Heldinnen schmückt ein riesiger Jungbrunnen die Wand, der die Sehnsucht nach ewiger Jugend stillt. Die Szenerie entbehrt nicht einer gewissen Komik, wenn sich die gebrechlichen Alten im Jungbrunnen wieder zu schönen Jungfrauen und Jünglingen wandeln, die ein reges Interesse aneinander entwickeln. (März–Sept. tgl. 10–13 und 14–18 Uhr, in der übrigen Zeit nur bis 17 Uhr, im Feb. Mo geschl.)

Die am Berghang gelegene **Burgkapelle** ist mit einem Freskenzyklus zu Leben und Passion Christi ausgestaltet. Die überall Ende des 14. Jhs. sehr beliebten Passionsszenen sind eine Reaktion auf die verheerende Pest in den Jahren 1347–1350, die über ein Drittel der Bevölkerung hinwegraffte und historisch sowie psychologisch einen großen Einschnitt markierte. In der Burgkapelle ist das heilige Geschehen allerdings zum Anlass degradiert, das gesamte Hofpersonal in prachtvollen Gewändern aufmarschieren zu lassen.

Cuneo 37

Nach so viel Kultur bietet das kleine, etwas vor sich hin schlummernde Cuneo (56 000 Einw.), 98 km, ein grandioses Naturerlebnis. Die Stadt liegt malerisch am Zusammenfluss von Gesso und Stura, zu Füßen der Seealpen.

Die **Piazza Galimberti** trägt den Namen eines Helden der italienischen *resistenza*. Duccio Galimberti ist ein Sohn dieser Stadt, deren wechselvolle Geschichte von Belagerung und Widerstand gezeichnet war. Die strategisch günstige Lage Cuneos nahe der Alpen und Frankreich hat viele Herrscher auf sie aufmerksam gemacht. Doch Belagerung und Krieg haben der Kunst arg zugesetzt und sie zum Teil ganz zerstört.

Die Piazza bildet den Schnittpunkt zwischen dem alten und neuen Teil der Stadt. Wendet man sich zur Geschäftsstraße Via Roma, erhebt sich die **Kathedrale** mit einer neoklassizistischen Fassade. Biegt man in die Via Cacciatori delle Alpi ein, gelangt man zum **Museo Civico** im Palazzo Audifreddi, das römische Funde, Gemälde und Dokumente der Stadtgeschichte beherbergt (Di–Fr 9–12, 14.30–19, Sa 9–12, 14.30–18 Uhr).

Zurück zur Hauptstraße und dieser folgend, kommt man schließlich zum **Rathaus,** das seinen Sitz in einem ehemaligen Jesuitenkloster hat, und zur Kirche **San Francesco** (15. Jh.), der ein gotischer Campanile zur Seite steht.

APT, Corso Nizza 17, Tel. 0 17 16 66 15, Fax 01 71 69 54 40.

Principe, Piazza Duccio Galimberti 5, Tel. 01 71 69 33 55, Fax 0 17 16 75 62, www.hotel-principe.it. Traditionsreiche Unterkunft der Luxusklasse an der Haupt-Piazza. ○○○

▮ **Smeraldo,** Corso Nizza 27, Tel. 01 71 69 63 67, Fax 01 71 69 80 76. Hotel mit allem Komfort, zentral. ○○

Großzügig angelegt: die Piazza Galimberti in Cuneo

Cavallo Nero, Piazza Seminario 8, Tel. 01 71 60 20 17. Feinste piemontesische Küche in nettem Ambiente. ○○

▮ **Osteria della Chiocciola,** Via Fossano 1, Tel. 0 17 16 62 77. Wein und Spezialitäten der Region. ○○

Die **Confetteria Ariona,** Piazza Galimberti 14, bietet in barockem Ambiente feinste Pralinés an.

Tipp Cuneo ist ein guter Ausgangspunkt für herrliche Ausflüge. Im Süden der Stadt liegt inmitten der Seealpen der **Parco Naturale dell'Argentera,** der größte Naturpark des Piemont, in dem sowohl Fauna als auch Flora beste Lebensbedingungen finden.

*Alba 38

Die Fahrt von Cuneo nach Alba, 162 km, führt durch die Langhe, ein stark gegliedertes Hügelland, in dem

5
Seite 82

der beste Wein des Piemont wächst. Ihr historisches Zentrum ist Alba, einst die berühmte hunderttürmige Stadt am Ufer des Tanaro. Früher punktete Alba als Sitz reicher Handelsfamilien, heute mit seinen kulinarischen Offerten: Wein und Trüffeln sind die Exportschlager.

In dem kleinen Ort Grinzane Cavour bietet die **Enoteca Regionale dei Castello di Grinzane** renommierte piemontesische Weine, die **Distilleria Montanaro** (Via Garibaldi) ein großes Sortiment an Grappe aus der Region.

Ein Stadtspaziergang beginnt an der Piazza Risorgimento mit der Kathedrale. Über die Via Cavour mit ihren gotischen Häusern gelangt man zur Loggia dei Mercanti und zum malerischen

Obst und Gemüse auf dem Markt in Alba

Marktplatz, auf dem samstags Obst und Gemüse angeboten werden, im Herbst und Winter auch Trüffeln.

Die Marktangebote wandern frisch in die Kochtöpfe der **Osteria dell'Arco,** Vicolo dell'Arco 2 b, die typische Gerichte der Langhe serviert. ❍

5

Seite 82

Rund um die Knolle

Sie sehen eigentlich ganz unspektakulär aus, haben eine warzige, dunkle Haut und erinnern an Kartoffeln. Doch ihr exorbitant hoher Preis verspricht etwas ganz Besonderes. Und in der Tat: Wer im Piemont einmal all die Trüffelköstlichkeiten probiert hat, der weiß um den einzigartigen Geschmack dieser Knollen, die zu den Pilzen gehören. Trüffeln wachsen im Waldhumus, an den Wurzeln von Waldbäumen, von denen sie die Eiche besonders gern mögen. Bereits die Römer und Griechen des Altertums wussten um das Aroma der Trüffeln und machten sich auf die Jagd nach den Knollen, die sie ebenso wie heute als Zutat zu Pasteten, Fleischgerichten sowie als Würze für Suppen und Brühen nutzten. König der Trüffeln sind die etwa faustgroßen, innen weißen Trüffeln, die besonders häufig in der Gegend von Alba wachsen und ihren Kopf auch aus der Erde strecken. Trüffelschweine und abgerichtete Hunde sind ebenso wie Feinschmecker ganz wild nach ihnen. Aber wer könnte auch schon einem Carpaccio mit gehobelten Weißen Trüffeln widerstehen?

Trüffelfans kommen im Herbst in Alba auf ihre Kosten, wenn die ganze Stadt vom herben Duft der Knollen erfüllt ist und die Händler gnadenlos um die Preise feilschen. Die ganze Stadt erliegt dann dem Trüffelfieber, und es fällt schwer, sich dem Rausch zu entziehen.

Tour 6

Bergidyllen

Turin → Ivrea → Borgofranco → Pont-St-Martin (→ **Gressoneytal) → Bard → *Issogne → Verrès → **Aosta → Pré-St-Didier → Courmayeur (160 km)

Die Tour führt in die Bergwelt des Piemont sowie in das angrenzende Aostatal, durch wilde Landschaft und kleine traditionsreiche Orte, vorbei an Burgen und Schlössern bis Courmayeur, wo die steil aufragenden Bergflanken des Aostatals mit ihren rauen Bergnestern und reißenden Flüssen Ehrfurcht vor den Schönheiten der Natur einflößen. Früher haben die Menschen die Bergwelt als bedrohlich empfunden. Daher verwundert es nicht, dass die Piemontesen in der Nähe Borgofrancos das größte Marienheiligtum des Abendlandes errichtet haben. Kulturelles Zentrum der Alpentäler mit ihren mittelalterlichen Residenzen und gewaltigen Festungen ist Aosta, die Römerstadt, die mit ihren kleinen, verwinkelten Gassen und Straßen zum Schlendern einlädt. Den kleinen Ferienort Courmayeur überragt in all seiner Erhabenheit der Montblanc. Man sollte mindestens zwei bis drei Tage für das Aostatal einplanen.

Ivrea ㊴

Erste Station ist Ivrea (28 000 Einw.), 54 km, gleichsam Vorposten des Aostatals am Ausgang der Dora Baltea aus den Alpen. Die strategisch günstige Lage hatten bereits die Kelten, später dann die Römer und Langobarden erkannt – ihnen verdankt die Stadt ihren außergewöhnlichen Ruhm bis ins 14. Jh. hinein. Von den Bauten dieser Zeit ist nicht mehr viel erhalten, da die Savoyer Ivrea als Festung umbauten und den alten urbanen Bestand lediglich als Steinbruch nutzten.

Hoch über den Dächern der Stadt thront auf der Piazza Castello die über einem quadratischen Grundriss angelegte **Backsteinburg** des Savoyers Amedeo VI, der sie Ende des 14. Jhs. in Auftrag gab. Der gotischen Wehranlage gegenüber hat der **Bischofspalast** sein ursprüngliches Gesicht im Laufe der Jahrhunderte durch viele Um- und Anbauten verloren.

Der Dom **Santa Maria Assunta** musste sich ebenfalls mehreren baulichen Veränderungen unterziehen, doch erkennt man im halbrunden Umgangschor, den flankierenden Türmen und dem tragenden Tambour noch die baulichen Prinzipien der Romanik. Später verwischten Barock und Klassizismus das Erscheinungsbild.

Nach Besichtigung der Piazza Castello möchte man meinen, Ivrea habe den Anschluss an die moderne Zeit verpasst, doch der weltbekannte Großkonzern **Olivetti,** der Schreibmaschinen herstellte und sich dann auf Informatik verlegte, gibt in Ivrea seit Beginn des 20. Jhs. den Ton an.

Tipp Olivetti hütet auf seinem Gelände am Corso Jervis einen der bedeutendsten piemontesischen Bauten: die spätgotische Saalkirche eines Franziskanerklosters (zweite Hälfte des 15. Jhs.). Die Kirche ist mit einem der großartigsten ***Freskenzyklen** des Piemont geschmückt, der dem Maler Giovanni Martino Spazotti zugeschrieben wird. Im Auftrag von Herzog Carlo II von Savoyen gestaltete er Anfang des 16. Jhs. die Lettnerwand mit Fresken, die den Übergang von der

6

Seite 95

Ivrea, Vorposten des Aostatals

Gotik zur Frührenaissance markieren. Die Emotionalisierung und damit Individualisierung des Figurenpersonals ist ebenso augenfällig wie die Expressivität der Szenen, die vom Leben Jesu erzählen. Für eine Führung durch die Kirche ist man bei Olivetti jederzeit bereit.

!! Von Ivrea sind es etwa 10 km bis zu einer Moränenlandschaft, in die sich fünf kleine Seen eingenistet haben. Erhabene dramatische Effekte der Natur, u. a. eine schnurgerade, 400 m steile Felswand sowie alte Dörfer, erheischen die Bewunderung des Reisenden.

6

Seite 95

Von Borgofranco nach Aosta

Weiter auf der N 26 kommt man in den kleinen Ort **Borgofranco** 40.

Tipp Hier backt **Aldo Ferrando** (Via Marini 30) nach alter Tradition die *Canestrelli di Borgofranco,* hauchzartes Gebäck mit Vanille-, Kakao-, Pistazien- oder Kaffeegeschmack.

Santuario della Madonna d'Oropa

Wer sich ein Bild von der italienischen Marienverehrung machen will, kann einen Abstecher (25 km) zu einem der ältesten christlichen Wallfahrtsorte Europas machen. Alljährlich pilgern Millionen Gläubige zum ältesten Marienheiligtum des Abendlandes, vor der imposanten Kulisse der gegen das Aostatal hoch aufragenden Alpen gelegen. Der Legende nach soll hier der hl. Eusebius 369 eine kleine Kirche zur Verehrung der »Schwarzen Madonna« erbaut haben, die er aus dem Heiligen Land mitgebracht hatte und die angeblich dem Evangelisten Lukas gehört haben soll. In den folgenden Jahrhunderten wurde die Kapelle dann zu einer pompösen Pilgerstätte ausgebaut – vor allem auf Betreiben des Turiner Hofes.

Tipp Mit einer Schwebebahn kann man von hier hinauf auf den **Monte Mucrone,** von wo aus man nach einem etwa 20-minütigen Fußmarsch zu einem kleinen See gelangt. Von Oropa am Lago Mucronefährt ein Sessellift auf den **Monte Camino,** der einen herrlichen Blick auf Matterhorn und Monte Rosa freigibt.

Alte Handelsstraße

Die SS 26, die nun weiter in das Aostatal und zunächst nach Pont-St-Martin führt, war eine der wichtigsten Verkehrsverbindungen des Mittelalters, die dem Norden Zugang zum Mittelmeer verschaffte und zwei der reichsten Regionen im damaligen Europa verband: die Toskana und Flandern. Die Straße verlief über den Großen Sankt Bernhard und durch das Aostatal in die Lombardei. Eine ihrer schönsten Reisebeschreibungen verdankt die Strecke dem Erzbischof von Canterbury, Sigeric, der kurz vor Ende des ersten Jahrtausends durch das Aostatal nach Rom reiste, um dort die Insignien seines Amtes zu übernehmen. Mehr als 130 Burgen thronen über den antiken Verkehrsstraßen im Aostatal, die prächtigsten gehörten der Familie Challant, einem einflussreichen Geschlecht des Savoyerreiches. Nach dem Vorbild der Fürsten trieben die Challant den Bau wichtiger Festungswerke voran, die immer öfter den Charakter prachtvoller Residenzen annahmen.

Pont-St-Martin ㊶ verdankt seinen Namen einer römischen Brücke über den Fluss Lys, der vom Monte Rosa bis zu seiner Mündung in die Dora Baltea wildromantische Wasserfälle bildet (s. Foto S. 5).

Ponte Romano, Piazza IV. Novembre 14, Tel. 01 25 80 43 29, Fax 01 25 80 71 08. Mittelklassehotel mit allem Komfort. ○○

Tipp Von Pont-St-Martin aus lohnt ein Ausflug in das landschaftlich sehr eindrucksvolle ****Gressoneytal,** in dem das imposante Massiv des Monte Rosa die erhabene Kulisse für Weingärten, Kastanienhaine und sanfte Weiden sowie die bemerkenswerten Häuser der Bergbauern abgibt. Einer der schönsten Wege des Aostatals, die *Alta Via 1, führt von Gressoney-St-Jean durch die hohe Gipfelwelt von Montblanc und Monte Rosa nach Courmayeur (s. S. 99).

6
Seite 95

Scheinbar unberührt: das landschaftlich eindrucksvolle Gressoneytal

Bard ㊷
Auf der SS 26 geht es nach Bard mit seiner beklemmenden und gleichzeitig faszinierenden **Burg,** die im 11. Jh. als Zollamt erbaut wurde und noch von den kriegerischen Zeiten des Aostatals erzählen kann. Um die imposante Festung auf dem isolierten Felsmassiv vor dem Verfall zu retten, werden die weitläufigen Räume der Zitadelle für Kunstausstellungen genutzt. In Arnad, dem nächsten Ort der Tour, empfängt die Reisenden eine Burgruine.

6

Seite 95

*Issogne ㊸
Ein Schlenker von der SS 26 bringt Sie nach Issogne, wo sich die Challant eines der schönsten Prunkschlösser errichten ließen. Das **Schloss** von Issogne entstand 1480 aus den Resten einer gotischen Burg und markiert mit seinen prachtvoll ausgestalteten Gemächern eindrucksvoll den Übergang zur Wohnkultur der Renaissance. Fresken im Torgang begleiten den Weg ins Innere und erzählen mit ihren Darstellungen alter Läden und Werkstätten vom sozialen Leben früherer Zeiten. Der weite Schlosshof mit achteckigem Granatapfelbaum-Brunnen lädt in seinen alten italienischen Garten ein, in dem man sich jener tragisch schönen Liebesgeschichte erinnern mag, die einst das Aostatal bewegte (s. Exkurs, S. 97). (Di–So 10–12 und 14.30–17.30 Uhr.)

Verrès ㊹
Im malerischen Verrès ist das Mittelalter noch sehr lebendig. Über dem Ort erhebt sich die **Burg.** Sie ist zwischen 1360 und 1390 als strenger, formkarger, über einem quadratischen Grundriss errichteter Wehrbau der Gotik entstanden, in dem eine umlaufende, kühn angelegte Treppe alle Stockwerke miteinander verbindet.

Mit der Burg ist eine äußerst dramatische Geschichte des Mittelalters verknüpft, nämlich die von Caterina von Challant und Pietro Sarriod, die sich in Verrès und Châtillon heldenhaft gegen die Savoyer verteidigten.

Auf dem Weg nach Aosta
Die Weiterfahrt nach Aosta begleiten großartige Ausblicke auf Bergmassive sowie wildromantische Talschluchten. Die Landschaft hat ihre Ursprünglichkeit über Jahrhunderte retten können und zieht die Reisenden hinein in ein atemberaubendes Naturschauspiel, dem der Mensch seine Bauten gleichsam kulissenhaft eingefügt hat. Wer nach der reizvollen, aber anstrengenden Fahrt eine Pause einlegen will, sollte **St-Vincent** als Raststätte wählen, einen Kurort mit Thermalbädern.

Al Maniero, Frazione Pied de Ville 58, Tel. 01 25 92 92 19. Gute Küche des Aostatals, vor allem Fontina-Spezialitäten. ○○

**Aosta ㊺

Die Wurzeln der Stadt (37 000 Einw.), 123 km, reichen in die Römerzeit zurück. Einen ehrwürdigeren Empfang bereitet der imposante ***Augustusbogen,** 25 v. Chr. zusammen mit der Stadt entstanden, dessen feierliche Monumentalität heute nur noch zu erahnen ist.

Dass Aosta nicht nur als römische Kolonie Bedeutung hatte, sondern auch im Mittelalter eine Glanzzeit erlebte, belegt das Kloster ***SS. Pietro ed Orso** am Stadtrand, das 520 gegründet wurde. Die heutige Anlage geht weitgehend auf spätgotische Umbauten Mitte des 15. Jhs. zurück. Von der ursprünglichen frühromanischen Basilika, die Bischof Anselmo kurz nach 1000 anlegen ließ, sind in der Klosterkirche noch die auf Pfeilerarkaden ruhenden Wände des Hochschiffs erhalten sowie die fünfschiffige Hallenkrypta unter dem Chor. Einen besonderen Kirchenschatz entdeckte man erst Mitte des 20. Jhs. in einem durch den gotischen Umbau unzugänglich gewordenen Dachraum: Hier sind byzantinisch inspirierte **Fresken aus dem frühen 11. Jh. erhalten, zu

Imposante Kulisse: das Römische Theater in Aosta

Die glücklichste und die unglücklichste aller Lieben

Das Schloss von Issogne ist Schauplatz einer tragischen Liebesromanze, die sich Mitte des 16. Jhs. begab. Die Familie Challant war eine der einflussreichsten im Lande und hatte soeben die schöne Tochter Filiberta aus politischen Erwägungen mit dem Neffen des Gouverneurs von Mailand verlobt. Filiberta jedoch hatte ihr Herz längst, allen Standesunterschieden zum Trotz, an ihren Reitknecht verloren. »Lasst uns leben und lieben«, ritzte sie in inständiger Hoffnung auf die Gerechtigkeit der Liebe in die Vertäfelung ihres Gemaches. Am Tag ihrer Hochzeit floh sie mit ihrem Geliebten über alle Berge und reiste in die Freie Republik Venedig, wo sie vom Verkauf ihres Schmuckes verliebt und glücklich lebten. An Filibertas Stelle musste ihre Schwester Isabella den Bräutigam ehelichen, denn der bestand auf dem Namen Challant in seinem Stammbaum. Dem Glück der Liebenden hätte nichts im Wege gestanden, wenn nicht der Ruf des noblen Hauses Challant durch die freiheitsliebende Tochter ruiniert gewesen wäre. Durch eine geschickt inszenierte Intrige wurde Filibertas Geliebter als angeblicher Dieb entlarvt und in ihrem Beisein gehenkt, sie selbst aber wurde als ein an Leib und Seele gebrochener Mensch nach Issogne zurückgebracht. »Mein Leben vergeht in Schmerz«, schrieb sie daher im Jahre 1565 als letzte Eintragung in ihr Tagebuch.

6

Seite 95

denen eine Treppe führte. Durch das rechte Seitenschiff gelangt man in den schönen **Kreuzgang des Klosters mit seinen unterschiedlichen Pfeilern und Säulen.

Durch die wuchtige **Porta Pretoria** kommt man zum antiken Stadtkern, der noch von einer römischen Kalksteinstadtmauer aus Augusteischer Zeit umgeben ist. Grandiose Wehrtürme ragen aus ihr heraus, die so groß waren, dass mittelalterliche Fürsten sich ihre Residenzen darin einrichteten.

Hinter der Porta Pretoria erstreckt sich rechter Hand das ***Römische Theater** in der Rue de Bailliage. Dass das Theater noch innerhalb der Stadtmauer liegt und nicht, wie in anderen römischen Städten üblich, etwas außerhalb des Zentrums an einem natürlichen Hang, an dem die Sitzreihen des Halbrunds aufsteigen konnten, erklärt sich aus der Rolle Aostas als Festungsstadt in einem damals sehr wilden Gebiet.

6

Seite 95

Die aufsteigenden Sitzreihen mussten in der Ebene mit einer gewaltigen Stützkonstruktion gesichert werden, die mit ihrer Höhe von 25 m einen bedeutenden städtebaulichen Akzent in Aosta setzte. Die Bühne des Theaters bildete mit den Gletschern des Grand Combin im Hintergrund ein immer gleiches und ebenso erhabenes Gesamtbild. Das Theater zählte mit 3500 Sitzplätzen zu den kleineren römischen Musentempeln, doch die unmittelbar angrenzende **Arena** – heute leider nur noch eine Ruine – konnte 20 000 Zuschauer bei Gladiatoren- und Tierkämpfen aufnehmen. Und auch die sieben der ehemals insgesamt 60 Eingangsarkaden auf dem Areal des Nonnenklosters Santa Caterina können heute nur noch eine Idee von der Großartigkeit dieser Anlage geben.

Das **Forum** des römischen Aosta lag etwa an der Stelle der heutigen Kathedrale. Ein paar Schritte links ihres Eingangs hat man einen Kryptoportikus ausfindig gemacht. Man steigt hier auf einer Treppe etwa 2 m unter das antike Straßenniveau hinab und findet sich in weitläufigen, tonnengewölbten Räumen wieder, die ein fast quadratisches Gelände umfassen, in dessen Mitte noch die Fundamente eines dem Jupiter geweihten Tempels erhalten sind. Die spärlich belichteten unterirdischen Gewölbe mögen die Römer als Markthallen benutzt haben. 451 wurde hier eine frühchristliche Bischofskirche gegründet, der Vorgängerbau der ***Kathedrale Santa Maria Assunta,** eines imposanten Kirchenbaus, der seine einheitliche Fassadengestaltung durch Um- und Anbauten verloren hat. Sehenswert ist heute vor allem die klassizistisch dekorierte Giebelfassade im Westen mit ihrer schönen *Vorhalle, 1522 in der Formensprache der toskanischen Frührenaissance gestaltet.

i **APT,** Via Promis 8,
Tel. 0 16 53 33 52,
Fax 0 16 54 05 32,
www.regione.vda.it

Hostellerie Du Cheval Blanc, Via Cavalité 20,
Tel. 01 65 23 91 40, Fax 01 65 23 91 50.
Erstklassiges Hotel mit gutem Service. ○○○

▮ **Mignon,** Viale S. Bernardo 7,
Tel. 0 16 54 09 80, Fax 0 16 54 32 27.
Saubere, preisgünstige Unterkunft. ○○

▮ **Edelweiss,** Via Marconi 42,
Tel. 01 65 84 15 90, Fax 01 65 84 16 18.
Einfach und preiswert. ○

Voison, Via Voison 30,
Tel. 01 65 36 10 29. Hier werden

exquisite Spezialitäten des Aostatals serviert. ○○○

Taverna da Nando, Via de Tillier 41, Tel. 0 16 54 44 55. Regionale valdostanische Küche. Hervorragende Minestrone. ○○

In der Via Tillier 2 gibt es in der **Pasticceria Boch** herrliche Walnusstorte und den besten Cappuccino.

Nach Pré-St-Didier

Man verlässt Aosta auf der SS 26 und gelangt über **Sarre** mit einem schönen, von Weinreben umgebenen Schloss nach **St-Pierre;** links zweigt eine Straße nach Cogne ab, das sich als Ausgangspunkt für Ausflüge in den wildromantischen **Parco Gran Paradiso** (s. Special, S. 10/11) anbietet.

Wer Entspannung sucht, fährt weiter nach **Pré-St-Didier** ㊻, einem Urlaubsort mit einer Thermalquelle, die bereits die Römer sehr zu schätzen wussten.

Courmayeur ㊼

Gleich einem grandiosen Bühnenspektakel offenbart die Bergwelt in diesem traditionsreichen Ferien- und Wintersportort, 160 km, ihre ganze Schönheit vor der majestätischen Pyramide des Montblanc, der den Abschluss des Aostatals bildet. Courmayeur bietet 25 Skipisten, darunter drei mit dem höchsten Schwierigkeitsgrad; mittels Skischaukel ist es mit dem französischen Chamonix verbunden.

Das Val Ferret mit drei herrlichen Loipen empfiehlt sich für Langläufer. Wer lieber wandert, kann sich zum Botanischen Garten Saussurrea bei Fréty aufmachen. Der etwa zweistündige Aufstieg wird mit einem großartigen

Natur pur im Aostatal (Val di Cogne)

Panorama und den schönsten Blüten der valdostanischen Bergflora belohnt. (Juli–Sept., Tel. 0 16 58 99 25.)

Courmayeur ist auch für sein Wasser berühmt, das am Fuße des Monte Beanco im Herzen der Alpen entspringt. Schon die Römer kannten die Wirkungen des Heilwassers (Terme di Courmayeur, Tel. 01 65 80 18 11).

AA, Piazzale Monte Bianco 3, Tel. 01 65 84 20 60, Fax 01 65 84 20 72, www.guidecourmayeur.com

Gallia Gran Baita, Strada Larzey, Tel. 01 65 84 40 40, Fax 01 65 84 84 05. Luxuriöse Pracht im ersten Haus am Platze. ○○○

Pavillion, Strada Regionale 62, Tel. 01 65 84 61 20, Fax 01 65 84 61 22, www.pavillon.it. Grandhotel mit der Grandezza vergangener Zeiten. ○○○

Cristallo, Via Roma 142, Tel. 0 16 58 84 66 66, Fax 01 65 84 63 27. Einfaches, sauberes Haus. ○○

Le Cadran Solaire, Via Roma 122, Tel./Fax 01 65 84 46 09. Spezialitäten des Aostatals. ○○

6
Seite 95

Infos von A–Z

Ärztliche Versorgung

Mitglieder einer gesetzlichen Krankenkasse werden gegen Vorlage eines Auslandskrankenscheins kostenlos behandelt (Näheres bei den Krankenkassen). Für die Erstattung bar bezahlter Medikamente und Privatrechnungen von Ärzten benötigt man eine detaillierte Rechnung. Wer sichergehen will, schließt eine Auslandsreisekrankenversicherung ab.

Autofahrer

Der nationale Führerschein genügt; Nationalitätskennzeichen (D, A, CH) müssen angebracht sein. Die grüne Versicherungskarte wird empfohlen. Pannenhilfe ist für Mitglieder von Automobilclubs kostenlos. Informationen (auch auf Deutsch) Tel. 116.

Diplomatische Vertretungen

- **Bundesrepublik Deutschland:** Mailand, Via Solferino 40, Tel. 0 26 23 11 01; Turin, Via B. Buozzi 6, Tel. 0 11 53 10 88.
- **Österreich:** Mailand, Via Tranquillo Cremona 27, Tel. 0 24 81 20 66; Turin, Via Mercantini 6, Tel. 0 11 54 36 76.
- **Schweiz:** Mailand, Via Palestro 2, Tel. 02 76 00 92 84; Turin, Via Sagra San Michele 66, Tel. 0 11 71 55 70.

Feiertage

1. Januar und 6. Januar, Ostermontag, 25. April, 1. Mai, 15. August, 1. November, 8. Dezember, 25., 26. Dezember.

Geld und Währung

In Italien zahlt man mit dem Euro (1 € = ca. 1,50 CHF). Rund um die Uhr kann man an EC-Automaten Geld holen. Mit PIN-Code können Bargeldbeträge bis zu 500 € abgehoben werden. Allgemein ist auch die Akzeptanz von Kreditkarten gut.

Haustiere

Wer seinen Hund oder seine Katze mit nach Italien nehmen will, braucht für seinen Liebling ein amtstierärztliches Gesundheitszeugnis (max. 30 Tage alt) und eine Tollwutimpfung (mind. 20 Tage, max. 11 Monate alt).

Informationen

- **Staatliche Italienische Fremdenverkehrsämter ENIT:**
10117 Berlin, Friedrichstr. 181,
Tel. 0 30/2 47 83 97, Fax 2 47 83 99;
60329 Frankfurt/M., Kaiserstr. 65,
Tel. 0 69/23 74 10, Fax 23 28 94;
80336 München, Goethestr. 20,
Tel. 0 89/53 03 69, Fax 53 45 27;
1010 Wien, Kärntner Ring 4,
Tel. 02 22/5 05 43 74, Fax 5 05 02 48;
8001 Zürich, Uraniastr. 32,
Tel. 01/ 2 11 36 33, Fax 2 11 38 85.
- Internet: www.enit.it
- In Italien informiert man sich bei den örtlichen Büros der **APT** (Azienda di Promozione Turistica, Fremdenverkehrsamt).

Jugendherbergen

Information: **Associazione Italiana Alberghi per la Gioventù** (Italienischer Jugendherbergsverband), Via Cavour 44, I-00184 Roma, Tel. 0 64871152, Fax 0 64 88 04 92, www.ostellionline.org

Kriminalität

Besondere Achtsamkeit ist nur in Mailand geboten. Allgemein gilt: nie Wertsachen im Auto liegen lassen, wenn möglich das Autoradio herausnehmen, voll gepackte Autos im Auge behalten und die Handtasche in den größeren Städten achtsam festhalten.

Papiere, Wertgegenstände und größere Geldbeträge sind am besten im Hotelsafe aufgehoben.

Märkte

Ein italienischer Markt ist eine wahre Fundgrube – nicht nur für Lebensmittel, sondern auch für Leder, Kleidung und Kurzwaren. Traditionelle Markttage sind Mittwoch und Sonntag.

Notruf

- Polizei: Tel. 112;
- Rettungsdienst: Tel. 113;
- Pannendienst des ACI: Tel. 116;
- Feuerwehr: Tel. 115.

Öffnungszeiten

- Die meisten **Geschäfte** sind Mo–Sa 9–12.30 und 15/16–19.30 Uhr geöffnet, doch die Ladenschlusszeiten werden flexibel gehandhabt. Lebensmittelgeschäfte sowie einige Einzelhändler sind mitunter montagvormittags oder mittwochnachmittags geschlossen.
- Für **Museen** gibt es keine einheitlichen Öffnungszeiten, die meisten haben am Montag ihren Ruhetag. Kirchen sind aufgrund der vielen Diebstähle auf dem Land oft verschlossen. Den Schlüssel bekommt man meist in der Pfarrei. In den Städten kann man **Kirchen** vormittags bis 12 und 16–19 Uhr besichtigen.

Postgebühren

Briefmarken *(francobolli)* gibt es in Postämtern, Bars und Läden mit dem schwarzen T-Zeichen (»tabacchi«).

Rechnungen

Die Rechnungen für Dienstleistungen (Restaurant, Autowerkstätten etc.) müssen die Mehrwertsteuer (IVA) enthalten und sind kurzzeitig auch nach Verlassen des Lokals etc. aufzubewahren. Bei Kontrollen durch die italienische Steuerpolizei *(Guardia di finanza)* kann sonst eine Geldstrafe anfallen.

Taxi

Italiener benutzen nur selten ein Taxi. Deshalb sind die Tarife der wenigen Taxis recht hoch. Der Preis, den das Taxameter angibt, kann sich durch Gepäckzuschlag bzw. Nachttarif deutlich erhöhen.

Telefonieren

kann man aus öffentlichen Fernsprechern mit Telefonkarten *(scheda telefonica),* die die Postämter und die Tabacchi-Läden verkaufen. Neben der Hauptpost (durchgehend offen) gibt es öffentliche Fernsprechstellen der Telecom. Mobiltelefone funktionieren selbst in höchsten und abgelegensten Bergregionen problemlos.

Italien erreicht man mit der Vorwahl 00 39. Von Italien wählt man nach Deutschland 00 49, nach Österreich 00 43, in die Schweiz 00 41.

In Italien ist die mit 0 beginnende Vorwahl Bestandteil der Teilnehmernummer. So muss auch innerorts stets die Ortskennziffer (02 für Mailand, 01 für Turin) mitgewählt werden.

Trinkgeld

wird grundsätzlich für alle Dienstleistungen (im Café, im Hotel etc.) erwartet. In Restaurants sind ca. 10 % des Rechnungsbetrags üblich.

Zoll

Innerhalb der EU-Länder sind Geschenke und Mitbringsel zollfrei; bei Waren für den persönlichen Gebrauch gelten folgende Richtmengen: 800 Zigaretten, 10 l Spirituosen, 90 l Wein pro Person. Für Schweizer gilt: 200 Zigaretten, 1 l Spirituosen, 2 l Wein und Reiseandenken bis zu 200 CHF.

Langenscheidt Mini-Dolmetscher Italienisch

Allgemeines

Guten Tag.	Buongiorno. [buond~~seh~~**or**no]
Hallo!	Ciao! [**tscha**o]
Wie geht's?	Come sta? [**ko**me sta]
Danke, gut.	Bene, grazie. [**bä**ne **gra**zje]
Ich heiße ...	Mi chiamo ... [mi kj**a**mo]
Auf Wiedersehen.	Arrivederci. [arriwe**der**tschi]
Morgen	mattina [mat**ti**na]
Nachmittag	pomeriggio [pome**rid**~~seh~~o]
Abend	sera [**ß**era]
Nacht	notte [**not**te]
morgen	domani [do**ma**ni]
heute	oggi [**od**~~seh~~i]
gestern	ieri [järi]
Sprechen Sie Deutsch?	Parla tedesco? [**par**la te**des**ko]
Wie bitte?	Come, prego? [**ko**me **prä**go]
Ich verstehe nicht.	Non capisco. [non ka**pis**ko]
Sagen Sie es bitte nochmals.	Lo può ripetere, per favore. [lo pu**o** ri**pä**tere per fa**wo**re]
..., bitte.	..., per favore. [per fa**wo**re]
danke	grazie [**gra**zje]
Keine Ursache.	Prego. [**prä**go]
was / wer / welcher	che / chi / quale [ke / ki / ku**a**le]
wo / wohin	dove [**do**we]
wie / wie viel	come / quanto [**ko**me / ku**an**to]
wann / wie lange	quando / quanto tempo [ku**an**do / ku**an**to **täm**po]
warum	perché [per**ke**]
Wie heißt das?	Come si chiama? [**ko**me ßi kj**a**ma]
Wo ist ...?	Dov'è ...? [do**wä**]
Können Sie mir helfen?	Mi può aiutare? [mi pu**o** aju**ta**re]
ja	sì [ßi]
nein	no [no]
Entschuldigen Sie.	Scusi. [**sku**si]
Das macht nichts.	Non fa niente. [non fa nj**än**te]

Sightseeing

Gibt es hier eine Touristeninformation?	C'è un ufficio di turismo qui? [**tschä** un uf**fi**tscho di tu**ris**mo ku**i**]
Haben Sie einen Stadtplan / ein Hotelverzeichnis?	Ha una pianta della città / un annuario alberghi? [a **u**na pj**an**ta **del**la tschit**ta** / un annu**ar**jo al**bär**gi]
Wann ist ... geöffnet?	A che ora è aperto (m.) / aperta (w.) ...? [a **ke o**ra ä a**pär**to / a**pär**ta]
geschlossen	chiuso (m.) / chiusa (w.) [kj**u**so / kj**u**sa]
das Museum	il museo (m.) [il mu**se**o]
die Kirche	la chiesa (w.) [la kj**ä**sa]
die Ausstellung	l'esposizione (w.) [lesposizj**o**ne]
Wegen Restaurierung geschlossen.	In restauro. [in res**tau**ro]

Shopping

Wo gibt es ...?	Dove posso trovare ...? [**do**we **pos**so tro**wa**re]
Wie viel kostet das?	Quanto costa? [ku**an**to **kos**ta]
Das ist zu teuer.	È troppo caro. [ä **trop**po **ka**ro]
Das gefällt mir (nicht).	(Non) mi piace. [(non) mi pj**a**tsche]
Gibt es das in einer anderen Farbe / Größe?	Ce l'ha anche di un altro colore / un'altra taglia? [tsche la **ang**ke di un **al**tro ko**lo**re / un **al**tra **tal**ja]
Ich nehme es.	Lo prendo. [lo **prän**do]
Wo ist eine Bank?	Dov'è una banca? [do**wä** una **bang**ka]
Ich suche einen Geldautomaten.	Dove posso trovare un bancomat? [**do**we **pos**so tro**wa**re un bangko**mat**]
Geben Sie mir 100 g Käse / zwei Kilo Pfirsiche	Mi dia un etto di formaggio / due chili di pesche. [mi **di**a un **ät**to di for**mad**~~seh~~o / **due ki**li di **päs**ke]
Haben Sie deutsche Zeitungen?	Ha giornali tedeschi? [a d~~seh~~or**na**li te**des**ki]
Wo kann ich telefonieren / eine Telefonkarte kaufen?	Dove posso telefonare / comprare una scheda telefonica? [**do**we **pos**so telefo**na**re / kom**pra**re una **ske**da tele**fo**nika]

Notfälle

Ich brauche einen Arzt / Zahnarzt.	Ho bisogno di un medico / dentista. [o bi**so**njo di un **mä**diko / den**tis**ta]

Rufen Sie bitte einen Krankenwagen / die Polizei.	Chiami un'ambulanza / la polizia, per favore. [kjami un‿ambu**lan**za / la poli**zi**a per fa**wo**re]
Wir hatten einen Unfall.	Abbiamo avuto un incidente. [abb**ja**mo a**wu**to un intschi**dän**te]
Wo ist das Polizeirevier?	Dov'è la polizia? [do**wä** la poli**zi**a]
Ich bin bestohlen worden.	Mi hanno derubato. [mi **an**no deru**ba**to]
Mein Auto ist aufgebrochen worden.	Hanno forzato la mia macchina. [**an**no for**za**to la **mi**a **mak**kina]

Essen und Trinken

Die Speisekarte, bitte.	Il menu per favore. [il me**nu** per fa**wo**re]
Brot	pane [**pa**ne]
Kaffee	caffè / espresso [kaf**fä** / es**präs**so]
Tee	tè [tä]
mit Milch / Zucker	con latte / zucchero [kon **lat**te / **zuk**kero]
Orangensaft	succo d'arancia [**suk**ko da**ran**tscha]
Mehr Kaffee, bitte.	Un altro caffè, per favore. [un **al**tro kaf**fä** per fa**wo**re]
Suppe	minestra [mi**näs**tra]
gemischte Vorspeise	antipasto misto [anti**pas**to **mis**to]
Nudeln	pasta [**pas**ta]
Fisch / Meeresfrüchte	pesce / frutti di mare [**pe**sche / **frut**ti di **ma**re]
Fleisch	carne [**kar**ne]
Geflügel	pollame [pol**la**me]
Beilage	contorno [kon**tor**no]
vegetarische Gerichte	piatti vegetariani [pj**at**ti wed~~sch~~etar**ja**ni]
Ei	uovo [**uo**vo]
Salat	insalata [inßa**la**ta]
Dessert	dolci [**dol**tschi]
Obst	frutta [**frut**ta]
Eis	gelato [d~~sch~~e**la**to]
Wein	vino [**wi**no]
weiß / rot / rosé	bianco / rosso / rosé [bj**ang**ko / **ros**so / ro**se**]
Bier	birra [**bir**ra]
Aperitif	aperitivo [aperi**ti**wo]
Wasser	acqua [**a**kua]
Mineralwasser	acqua minerale [**a**kua mine**ra**le]
mit / ohne Kohlensäure	gassata / naturale [gas**sa**ta / natu**ra**le]
Frühstück	prima colazione [**pri**ma kolaz**jo**ne]
Mittagessen	pranzo [**pran**dso]
Abendessen	cena [**tsche**na]
eine Kleinigkeit	uno spuntino [uno spun**ti**no]

Ich möchte bezahlen.	Il conto, per favore. [il **kon**to per fa**wo**re]
Es war sehr gut / nicht so gut.	Era molto buono. / Non era buono. [**ä**ra **mol**to buono / non **ä**ra bu**o**no]

Im Hotel

Ich suche ein gutes Hotel / nicht zu teures Hotel.	Cerco un buon albergo / un albergo economico. [**tscher**ko un bu**on** al**bär**go / un al**bär**go eko**no**miko]
Ich habe ein Zimmer reserviert.	Ho riservato una camera. [o riser**wa**to una **ka**mera]
Ich suche ein Zimmer für ... Personen.	Cerco una camera per ... persone. [**tscher**ko una **ka**mera per ... per**ßo**ne]
Mit Dusche und Toilette.	Con doccia e servizi. [kon **do**tscha e ser**wi**zi]
Mit Balkon.	Con balcone. [kon bal**ko**ne]
Wie viel kostet das Zimmer pro Nacht?	Quanto costa la camera per notte? [ku**an**to **kos**ta la **ka**mera per **not**te]
Mit Frühstück?	Con prima colazione? [kon **pri**ma kolaz**jo**ne]
Kann ich das Zimmer sehen?	Posso vedere la camera? [**pos**so we**de**re la **ka**mera]
Haben Sie ein anderes Zimmer?	Avete un'altra camera? [a**we**te un‿**al**tra **ka**mera]
Das Zimmer gefällt mir (nicht).	Mi piace la camera. / La camera non mi piace. [mi pj**a**tsche la **ka**mera / la **ka**mera non mi pj**a**tsche]
Es fehlen Handtücher.	Mancano asciugamano [**man**kano aschuga**ma**ni]
Kann ich mit Kreditkarte bezahlen?	Posso pagare con carta di credito? [**pos**so pa**ga**re con **kar**ta di **kre**dito]
Wo kann ich parken?	Dove posso mettere la macchina? [**do**we **pos**so **met**tere la **mak**kina]
Haben Sie eine (bewachte) Garage?	Avete un garage (sorvegliato)? [a**we**te un garad~~sch~~e sorwe**lja**to]
Können Sie das Gepäck in mein Zimmer bringen?	Mi può portare i bagagli in camera? [mi pu**o** por**ta**re i ba**ga**lji in **ka**mera]
Es hat uns hier sehr gefallen.	A noi é piaciuto molto qui. [a **noi** ä pja**tschu**to **mol**to kwi]
Auf Wiedersehen!	Arrivederci! [arriwe**der**tschi]

Orts- und Sachregister

Personenregister

Zeichenerklärung

Unsere Preissymbole bedeuten:

Hotel (pro Person im DZ):		Restaurant (Menü):	
❍❍❍	ab 250 €	❍❍❍	über 33 €
❍❍	65–250 €	❍❍	23–33 €
❍	35–65 €	❍	15–23 €

Polyglott im Internet: www.polyglott.de,
im Travel Channel unter www.travelchannel.de

Alle Informationen stammen aus zuverlässigen Quellen und wurden sorgfältig geprüft. Für ihre Vollständigkeit und Richtigkeit können wir jedoch keine Haftung übernehmen.
Ergänzende Anregungen bitten wir zu richten an:
Polyglott Verlag, Redaktion, Postfach 40 11 20, 80711 München.
E-Mail: redaktion@polyglott.de

Impressum

Herausgeber: Polyglott-Redaktion
Autorin: Christine Hamel
Lektorat: Dr. Carla Meyer
Layout: Ute Weber, Geretsried
Karten und Pläne: Cordula Mann
Titeldesign-Konzept: Independent Medien-Design
Satz: Schulz Bild und Text, Dagebüll
Satz Special: Carmen Marchwinski

Erste Auflage 2004/2005

Printed in Germany
ISBN 3-493-58722-8
Dieses Buch wurde auf chlorfrei gebleichtem Papier gedruckt.

Das unverwechselbare Polyglott-Sternchensystem

***** eine eigene Reise wert ** einen Umweg wert * sehr sehenswert**

- *** Mailand (S. 27)
- *** Turin (S. 38)
- *** Camunen-Felszeichnungen in der Valcamonica (S. 18, 57)
- *** Camera degli Sposi im *Palazzo Ducale, Mantua (S. 62)

- ** Domfassade in Monza (S. 48)
- ** Como mit **Comer See (S. 50)
- ** Santa Maria foris portas (S. 54)
- ** Bergamo (S. 55ff.)
- ** Piazza del Duomo,
- ** Rotonda und **Piazza della Loggia in *Brescia (S. 59)
- ** Gardasee (S. 60.)
- ** Mantua (S. 62f)
- ** Sabbioneta (S. 65)
- ** Piazza del Comune und **Dom in **Certosa di Pavia (S. 68)
- ** Pavia (S. 69)
- ** Lago Maggiore (S. 78)
- ** Sant'Andrea in *Vercelli (S. 80)
- ** Saluzzo (S. 65)
- ** Manta (S. 89)
- ** Gressoneytal (S. 95)
- ** Aosta (S. 97)

- * Cremona (S. 66)

Die Lombardei und das Piemont im Internet

www.milanoinfotourist.com
www.turismotorino.org
www.regione.vda.it
www.lagomaggiore.it
www.lakecomo.com
www.cultura.regione.lombardia.it
www.gardasee-info.de

Die Autorin

Christine Hamel

studierte in Florenz, London und München Germanistik, Politologie und italienische Literaturwissenschaften. Sie arbeitet heute als freie Publizistin in München, lebt aber auch jedes Jahr viele Wochen in Oberitalien, ihrer zweiten Heimat seit Kindheitstagen.